Hans-Joachim Scheithauer

Liebe lebt Vertrauen

Hans-Joachim Scheithauer

Liebe lebt Vertrauen

Liebe zu Gott - Liebe zu mir selbst - Liebe zu meinem Nächsten

Fromm Verlag

Impressum / Imprint

Bibliografische Information der Deutschen Nationalbibliothek: Die Deutsche Nationalbibliothek verzeichnet diese Publikation in der Deutschen Nationalbibliografie; detaillierte bibliografische Daten sind im Internet über http://dnb.d-nb.de abrufbar.

Bibliographic information published by the Deutsche Nationalbibliothek: The Deutsche Nationalbibliothek lists this publication in the Deutsche Nationalbibliografie; detailed bibliographic data are available in the Internet at http://dnb.d-nb.de.

Coverbild / Cover image: www.ingimage.com

Verlag / Publisher:
Fromm Verlag
ist ein Imprint der / is a trademark of
AV Akademikerverlag GmbH & Co. KG
Heinrich-Böcking-Str. 6-8, 66121 Saarbrücken, Deutschland / Germany
Email: info@frommverlag.de

Herstellung: siehe letzte Seite /
Printed at: see last page
ISBN: 978-3-8416-0366-1

Inhaltsverzeichnis

ELIA IN DER KRISE UND ENTDECKUNG

1. Könige 19, 1 – 13 (alle Bibelstellen sind nach „Hoffnung für alle“ angegeben): „1 Ahab berichtete Isebel alles, was Elia getan hatte, vor allem, wie er die Propheten Baals mit dem Schwert getötet hatte. 2 Da schickte Isebel einen Boten zu Elia, der ihm ausrichten sollte: "Die Götter sollen mich schwer bestrafen, wenn ich dir nicht heimzahle, was du diesen Propheten angetan hast! Morgen um diese Zeit bist auch du ein toter Mann, das schwöre ich!" 3 Da packte Elia die Angst. Er rannte um sein Leben und floh bis nach Beerscheba ganz im Süden Judas. Dort ließ er seinen Diener, der ihn bis dahin begleitet hatte, zurück. 4 Allein wanderte er einen Tag lang weiter bis tief in die Wüste hinein. Zuletzt ließ er sich unter einen Ginsterstrauch fallen und wünschte, tot zu sein. "Herr, ich kann nicht mehr!", stöhnte er. "Lass mich sterben! Irgendwann wird es mich sowieso treffen, wie meine Vorfahren. Warum nicht jetzt?" 5 Er streckte sich unter dem Ginsterstrauch aus und schlief ein. Plötzlich wurde er wachgerüttelt. Ein Engel stand bei ihm und forderte ihn auf: "Elia, steh auf und iss!" 6 Als Elia sich umblickte, entdeckte er neben seinem Kopf einen Brotfladen, der auf heißen Steinen gebacken war, und einen Krug Wasser. Er aß und trank und legte sich wieder schlafen. 7 Doch der Engel des Herrn kam wieder und rüttelte ihn zum zweiten Mal wach. "Steh auf, Elia, und iss!", befahl er ihm noch einmal. "Sonst schaffst du den langen Weg nicht, der vor dir liegt." 8 Da stand Elia auf, aß und trank. Die Speise gab ihm so viel Kraft, dass er vierzig Tage und Nächte hindurch wandern konnte, bis er zum Berg Gottes, dem Horeb, kam. 9 Dort ging er in eine Höhle, um darin zu übernachten. Plötzlich sprach der Herr zu ihm: "Elia, was tust du hier?" 10 Elia antwortete: "Ach Herr, du großer und allmächtiger Gott, mit welchem Eifer habe ich versucht, die Israeliten zu dir zurückzubringen! Denn sie haben den Bund mit dir gebrochen, deine Altäre niedergerissen und deine Propheten ermordet. Nur ich bin übrig geblieben, ich allein. Und nun trachten sie auch mir nach dem Leben!" 11 Da antwortete ihm der Herr: "Komm aus deiner Höhle heraus, und tritt vor mich hin! Denn ich will an dir vorübergehen." Auf einmal zog ein heftiger Sturm herauf, riss ganze Felsbrocken aus den Bergen heraus und zerschmetterte sie. Doch der Herr war nicht in dem Sturm. Als Nächstes bebte die Erde, aber auch im Erdbeben war

der Herr nicht. 12 *Dann kam ein Feuer, doch der Herr war*
nicht darin. Danach hörte Elia ein leises Säuseln. 13 *Er*
verhüllte sein Gesicht mit dem Mantel, ging zum Eingang
der Höhle zurück und blieb dort stehen. Und noch einmal
wurde er gefragt: "Elia, was tust du hier?"

Als Ketu zwölf war, wurde er zu einem Lehrer geschickt, bei dem er bis zur Vollendung seines 24. Lebensjahrs lernte. Nach Abschluss der Lehrzeit kehrte er stolz nach Hause zurück. Sein Vater fragte ihn: „Wie können wir etwas kennen, was wir nicht sehen? Wie können wir wissen, dass Gott, der Allmächtige, überall ist?“ Der junge Mann begann, die heiligen Schriften zu zitieren, doch sein Vater unterbrach ihn. „Das ist mir zu kompliziert. Kann man nicht auf einfachere Weise etwas über Gottes Existenz erfahren?“
Soweit ich weiß, nicht. Ich bin jetzt ein gebildeter Mann und benutze all diese Bildung, um die Mysterien der göttlichen Weisheit zu erklären.“
Ich habe meine Zeit und mein Geld vergeudet, als ich meinen Sohn zum Studieren geschickt habe“, klagte der Vater.
Er nahm Ketu bei der Hand und führte ihn in die Küche. Dort füllte er eine Schüssel mit Wasser und schüttete etwas Salz hinein. Dann machten sich beide zu einem Spaziergang in die Stadt auf. Als sie wieder zu Hause angelangt waren, bat der Vater Ketu: „Bring mir das Salz, das ich in die Schüssel getan habe.“ Ketu suchte das Salz, fand es aber nicht, da es sich im Wasser aufgelöst hatte. „Du siehst also das Salz nicht mehr?“, fragte der Vater. „Nein. Das Salz ist unsichtbar.“ „Dann koste etwas vom Wasser an der Oberfläche der Schüssel. Wie schmeckt es?“ „Salzig.“ „Dann probiere etwas aus der Mitte. Wie schmeckt es?“ „Genauso salzig wie das auf der Oberfläche.“ „Dann probiere jetzt das Wasser vom Grund der Schüssel und sage mir, wie es schmeckt.“
Ketu kostete es, und der Geschmack war wieder derselbe. „Du hast viele Jahre lang studiert und kannst nicht auf allgemein verständliche Weise erklären, wie der unsichtbare Gott überall ist“, sagte der Vater. Mit einer Schüssel Wasser und indem ich Gott „Salz“ nenne, könnte ich dies einem einfachen Bauer begreiflich machen. Mein lieber Sohn, vergiss das Wissen, das uns von den Menschen entfernt, und suche nach der Inspiration, die uns ihnen näher bringt.“ (Paulo Coelho in „hören und sehen“ 01/12)

Wie sieht dein Gotteserlebnis aus? Manchmal ertappe ich mich, wie ich am Rand stehe und innerlich den Kopf schüttle, wie Christen über Gott denken. Sehr schnell gehe ich davon weg, weil ich selbst in meiner persönlichen Gotteserkenntnis manches geglaubt und verändert habe. So gelingt es mir immer besser, Nachsicht mit meinen Mitchristen und Mitmenschen zu haben. Elia wurde für mich zu einer Schlüsselfigur, um Gottes Nähe zu spüren und ihn neu zu erleben. Ich möchte einige Stationen mit euch anschauen, die Elia durchschritten hat.

Elia auf der Flucht

Elia lässt das Volk Israel auf den Berg Karmel kommen. In einer großen Notzeit, wo Menschen und Tiere an Wassermangel leiden. Auch die 400 Baalspriester kommen und nun soll demonstriert werden, wer der eigentliche und stärkere Gott ist. Baal oder Jahwe. Am Ende siegt Jahwe und verbrennt mit Feuer, das aus dem Himmel kommt, das Opfer Elias.
Ein Ereignis das die Israeliten so beeindruckt, dass sie sich mal wieder auf die Seite Jahwes stellen. Elia legt mit Hand an, um die Baalspriester zu ermorden. Gerechtigkeit soll siegen und es muss ein Exempel statuiert werden, dass Gott der rächende und vergeltende Gott ist. Götzendienst kann nicht zugelassen werden.
Wie wirkt das heute, im dritten Jahrtausend auf dich? Sind manchmal auch solche Gedanken in dir. Ja, einmal wird Gott Gericht halten und dann werden die Gottlosen vernichtet. Elia war sich seiner Sache sicher, dass das, was er inszeniert, im Sinn Gottes ist. Das ist sein Denken über Gott und Gott lässt es zu. Er lässt seinen Diener Elia mit seinem Gottesbild handeln und stellt sich zunächst auf sein Denken ein.
Und dann kommt die Wende. Isebel, Königin und die Frau des Königs Ahab, erfährt von dieser grauenvollen Tat und will Rache an Elia nehmen. So wie du uns, so wir mit dir. Elia bekommt es mit der Todesangst zu tun. Gerade war das beeindruckende Gotteserlebnis für ihn geschehen. Gott hat sich zu ihm und zu seinem Volk bekannt. Und jetzt lässt die Königin ausrichten, dass sie ihn umbringen wird. Elia flieht. Er hat Angst. Nichts ist mehr da von seinem Mut. Er rennt um sein Leben. Zunächst mit seinem Diener und dann allein. In die Wüste. Dort, wo es scheint, dass das Leben stehen bleibt.

Er legt sich unter einen Ginsterstrauch und will sich vom Leben verabschieden. Die Müdigkeit übermannt ihn und er schläft ein. Das war´s dann. Doch Elia hat die Rechnung ohne Gott gemacht. Gott schickt einen Engel, der Elia weckt und ihn auffordert, zu Essen und zu Trinken. Elia tut es und schläft weiter.
Ich möchte hier etwas verweilen. Hast du schon Situationen erlebt, wo du dich davonstehlen wolltest. Einfach in Ruhe gelassen werden. Niemand sehen, niemand hören, einfach allein sein. Und dann kommt jemand, der dir etwas anbietet, das dir Kraft vermitteln soll. Du nimmst es kurz an und ziehst dich wieder zurück. Die Erschöpfung durch Lebenserfahrungen stellt sich ein und die Lebenskraft will schwinden. Angst ist in den Vordergrund gerückt und kein Ausweg zu finden. Wäre da nicht Gott - und ich komme wieder zu Elia – der nie aufgibt. Schon gar nicht einen Menschen. Weder dich, noch mich!

Elias Entmutigung

Der Engel kommt ein zweites Mal, weckt Elia auf, befiehlt ihm, zu Essen und zu Trinken, da er einen weiten Weg vor sich hat. Elia isst und trinkt. Und dann wandert er 40 Tage und Nächte zum Berg Horeb.
Ich frage mich immer wieder, weshalb Elia ins Sinaigebirge wandert? Hat ihn Gott dorthin geschickt? War es für Elia eine Pilgerstätte? Will er eine besondere Begegnung mit Gott? Es wird uns nicht berichtet. Was wir wissen ist die Tatsache, dass Elia entmutigt ist. Selbst das Wissen, dass ein Engel zur Hilfe kommt reicht Elia nicht aus, wieder neuen Mut zu fassen. Zu erleben, Gott ist auf seiner Seite. Er, der für den Menschen ist und für Elia liebevoll sorgt.
Es geht nicht. Sein Bild von Gott versperrt ihm die klare Sicht. Kann es sein, dass er sich aufmacht zum Rapport? Was hat Gott mit ihm vor? Dort angekommen, will sich Elia in einer Höhle wieder zum Schlafen legen. Verständlich. Der Weg war lang. Jetzt erst mal schlafen.
Doch Gott ist präsent. Er spricht Elia an: *"Elia, was tust du hier?"* Und Elia beginnt, seinen ganzen Ärger, seine Not zu erzählen. Gott hört zu. Und als Elia fertig ist, sagt Gott zu ihm: *"Komm aus deiner Höhle heraus, und tritt vor mich hin! Denn ich will an dir vorübergehen."* Ein spannendes Bild entwickelt sich hier. Elia will sich in der Höhle verkriechen. Gott bietet ihm an, aus seiner Höhle heraus zu kommen. Gott spricht von Elias Höhle.

Auch das ist interessant, zu lesen. Ich habe mich gefragt, wo meine Höhlen sind, in die ich mich manchmal zurückziehe? Alleingelassen werden. Was geht die andern mein Problem an. Distanz anstatt Konfrontation!

Elias neue Gotteserkenntis

Für mich kommt wieder die große Liebe und Zuneigung Gottes zu uns Menschen zum Ausdruck. Gott will an Elia vorübergehen. Er will an mir, an dir vorübergehen, damit wir ein neues Bild von Gott erhalten.
Heraustreten um zu sehen und gesehen zu werden. Nur so kann sich Not zur Lebensenergie umwandeln.
Zunächst zeigt sich Gott so, wie Elia von Gott denkt, dass er ist. Als erstes kommt ein heftiger Sturm auf, der Felsen zerreißt. Dann ein Erdbeben und Feuer. Nun, Feuer, das kennt Elia und denkt, dass Gott so handelt und seine Allmacht uns Menschen zeigt. Doch Elia kann Gott am Horeb im Feuer nicht sehen. Und so führt Gott Elia auf eine andere Ebene. Zu einer neuen Gotteserkenntnis. Es kommt ein leises Säuseln, ein Hauch von Wind. Da erkennt Elia Gott und verhüllt sich. Er geht zum Eingang der Höhle, bleibt aber dort am Eingang stehen. Er muss sich nicht mehr verstecken.
Gott zeigt sich ihm in seiner großen Liebe, in seiner Anmut, seinem sanften Wesen. Ängste dürfen weichen. Eine Liebesbeziehung darf entstehen.
Gott fragt nun Elia zum zweiten Mal: *"Elia, was tust du hier?"* Das Fragen Gottes ist ein Angebot, über das eigene Leben nachzuspüren. Weshalb denke, lebe, handle ich so wie ich es tue. Weshalb gehe ich auf Distanz und stell mich nicht meinem Leben? Gott bietet sich Elia an und er tut es auch dir und mir gegenüber. Manchmal durch andere Menschen, durch Ereignisse, durch Begegnungen mit Freunden und Fachleuten, die uns wohlgesonnen sind. Entscheidend ist dabei, dass ich bereit bin zur Veränderung. Auch in meinem Denken über Gott. Mir zugestehen, dass sich mein Gottesbild verändern darf. Durch die Geschichte mit Elia gibt uns Gott ein neues Wissen und die Ermutigung, sich neu auf Gott einzustellen und seine Liebe und Zuneigung zu uns ganz zuzulassen. Sie wohltuend aufzunehmen. Es entstehen weniger mitmenschliche Probleme, wenn wir jedem zugestehen - einschließlich uns - unterschiedliche Gottesbilder zu haben.

Das ganze Leben ist ein Lernprozess auch in Bezug auf das Verhalten Gottes uns ganz persönlich gegenüber. Elia durfte erfahren, dass ihm Gott mit Liebe und Achtung begegnet. Gott ist ein Gott der aufbaut und nicht zerstört. Wer sich aus seiner Höhle herausbegibt - die auch ein anderes Denken über Gott bedeuten kann - um Gott neu zu erleben, der wird ein gewinnbringendes Leben führen können. Ja, er wird sich auch seinen Mitmenschen gegenüber wohlwollend und verständnisvoll verhalten. Elias Geschichte zeigt auch, dass Krisen Chancen bieten, um zu neuen Lebensentdeckungen zu kommen.
Ich wünsche uns, dass wir den Mut aufbringen, uns vor unsere Höhle zu stellen, damit wir immer wieder neue Gottesbegegnungen entdecken und erkennen, weshalb wir gerade so sind, wie wir sind. Da stehen, wo wir stehen. Dann kann sich Neues als wohltuend zeigen. Gottes Liebe ist immer gegenwärtig!

Teneriffa - Teide

SELBSTERKENNTNIS - CHANCE FÜRS LEBEN

Sprüche 27, 19: „Im Wasser spiegelt sich dein Gesicht, und in deinen Gedanken und Gefühlen erkennst du dich selbst!“

Ein Mönch hatte sich in die Einsamkeit zurückgezogen, um in der Abgeschiedenheit vom lärmenden Leben seine Zeit der Meditation und dem Gebet widmen zu können.
Einmal kam ein Wanderer zu seiner Einsiedelei und bat ihn um etwas Wasser. Der Mönch ging mit ihm zur Zisterne um das Wasser zu schöpfen. Dankbar trank der Fremde, und etwas vertrauter geworden bat er den Mönch, ihm eine Frage stellen zu dürfen: „Sag mir, welchen Sinn siehst du in deinem Leben in der Stille?“ Der Mönch wies mit einer Geste auf das Wasser der Zisterne und sagte: „Schau auf das Wasser! was siehst du?“ Der Wanderer schaute tief in die Zisterne, dann hob der den Kopf und sagte: „Ich sehe nichts.“
Nach einer kleinen Weile forderte der Mönch ihn abermals auf: „Schau auf das Wasser der Zisterne. Was siehst du jetzt?“ Noch einmal blickte der Fremde auf das Wasser und antwortete: „Jetzt sehe ich mich selber!“ „Damit ist deine Frage beantwortet“, erklärte der Mönch. „Als du zum ersten Mal in die Zisterne schautest, war das Wasser vom Schöpfen unruhig, und du konntest nichts erkennen. Jetzt ist das Wasser ruhig - und das ist die Erfahrung der Stille: Man sieht sich selber!“ (aus: „Balsam für die Seele“ S. 14 „Stille“)

Selbsterkenntnis. Ein Begriff, der noch nicht so sehr lange in unseren Sprachgebrauch Einzug gehalten hat. Besonders in christlichen Kreisen. Auch ich sprach und fragte hauptsächlich von der Gotteserkenntnis und nach Gottes Willen. Doch wo ich selber stehe, wie es mir wirklich geht und wie ich mit mir selbst umgehe, war im Untergrund meines Innersten verdeckt. Es galt die Devise: Frage nach Gott und nach deinem Nächsten, dann macht dein Leben Sinn.
Es ist für mich erstaunlich, wie heute, wo darüber viel geschrieben wird, sich selbst wahr zu nehmen, burn out, Herzinfarkte, seelische Krankheiten zunehmen. Gerade in der Seelsorge merke ich, wie es Menschen schwer fällt - und ich tat mir selbst in der Vergangenheit damit schwer - den Mut aufzubringen, sich zu hinterfragen und an die Wurzel der Mühen, Sorgen und Ängste zu kommen.

Gespiegelt werden

Ich möchte mich mit euch auf die Wanderung zu uns selbst begeben und euch einladen, euch auf euch selbst zu besinnen. Weniger den andern im Blickfeld zu haben, sondern die Chance nützen, diese Zeit der Besinnung für euch ganz persönlich zu nutzen. Es ist eure Zeit, die ihr euch genommen habt, um zu hören und aufzunehmen. Ihr sollt diese Zeit auch für euch bekommen, sie wahrnehmen - und wie der Einsiedler - die Zeit nutzen, um euch selber zu sehen.

Es war in den 90er Jahren, als ich in Berührung kam mit einem Mann, der mir liebevoll und konsequent aufzeigte, wie lebensbereichernd es ist, das eigene Leben ernst zu nehmen. Ich war viel und gern für andere da. Meine Familie hat dadurch viel Entbehrungen in Kauf nehmen müssen. Die Arbeit machte mir Spaß und doch merkte ich, dass etwas Wesentliches fehlt. Ich kannte meine eigene Seele nicht.

Jener Mann, der selbst Seelsorger ist, sagte mir: *„Nur der, der seine eigene Seele kennen gelernt hat, kann auch bei andern Seelsorge glaubhaft betreiben.“* Ich habe das dann auch intensiv gelebt, mich selbst kennen zu lernen. Dazu gehört, dass ich die Bereitschaft aufbringe, mich auch spiegeln zu lassen. Es ist uns nur selten - wenn überhaupt - möglich, allein Selbsterkenntnis zu lernen. Wir sind Gemeinschaftswesen und brauchen wenigstens ein Gegenüber das uns ernst nimmt. Der oder die liebevoll mit uns umgeht und Interesse an unserem Leben hat. Und es gehört dazu, dass ich mich auf diesen Erkenntnisweg einlasse.

Ich hab bei mir bemerkt, als ich damit begann, mich kennen lernen zu wollen, dass sich eine große Barriere auftat. Denn wenn ich mich auf mich einlasse, dann wird es wesentliche Veränderungen in meinem Leben geben. Und davor hatte ich Angst. Was geschieht, wenn ich Entdeckungen mache, die ich vorher nicht kannte? Wie gehe ich damit um? Bin ich überfordert? Was denken andere von mir, wenn ich ihnen anders erscheine als sie mich bisher wahrgenommen haben? Werde ich meine Spontaneität behalten können? Wie werde ich mit der Veränderung umgehen?

Und die Fragen haben sich beantwortet. Mein Leben ist leichter geworden, wenn auch viele Mühen sich gleichzeitig

einstellten, mit meinen neuen Entdeckungen umzugehen. Meine Gegenüber, die mehr als nur einer waren, wurden mir treue Begleiter. Vornehmlich meine Frau.
Was entdecken wir, wenn wir gespiegelt werden und wenn wir auf unser Innerstes hören können? Zunächst einmal den Ist-Zustand. So bin ich momentan. Und wie ich bin, ist es zunächst okay. Denn das macht mich aus, so wie ich gerade bin. Ich muss mich dafür nicht entschuldigen oder rechtfertigen. Auch in meiner Unfertigkeit bin ich ein wertvoller Mensch.
Der nächste Schritt ist die Reise in meine frühe Kindheit. Wie war mein Umfeld, meine Erzieher, meine Geschwister, meine Verwandten, meine Nachbarn, meine christliche Gemeinde? Wovon habe ich mich prägen lassen und weshalb ging ich einen anderen Weg als mein Bruder, meine Mitmenschen? Wie sensibel habe ich auf das Verhalten meiner Erzieher reagiert? Wieso konnte ich nicht erkennen, dass auch sie ihre eigene Geschichte haben und deshalb so sind, wie sie waren? Weshalb gehe ich bei gewissen Menschen auf Distanz und auf andere fliege ich? Erkennen, wer ich geworden bin und entdecken, ob ich so bleiben will.
Ich habe festgestellt, dass Menschen, die den Weg der Selbsterkenntnis gegangen sind, barmherzig mit ihren Mitmenschen umgehen. Sie wissen um die eigene Not und können sich deshalb auf die Not des andern bewusst und klar einstellen. Es ist mir ganz wichtig geworden, herauszufinden, wie ich zu mehr Lebensqualität finden kann.

Gedanken und Gefühle im Einklang

Ich möchte zu unserer Aussage aus den Sprüchen kommen: ***„...in deinen Gedanken und Gefühlen erkennst du dich selbst!“*** Das steht nun schon über 3000 Jahre in der Bibel. Und wenn ich diese Worte heute lese sind sie hoch aktuell für unsere Zeit. Was mich immer wieder fasziniert ist die Tatsache, dass uns unser liebender Gott mit diesen beiden Fähigkeiten ausgestattet hat. Wir können denken und fühlen, spüren, mit unserem Innersten in Kontakt kommen. Was ist passiert, dass dieses Wunderwerk hauptsächlich für Betriebsamkeit eingesetzt wird?

Salomo sagt, dass die Gedanken und Gefühle Instanzen sind, wo wir uns selbst erkennen können. Also ist es eigentlich unabänderbar, dies auch zu tun.
Weshalb es heutzutage erst wieder entdeckt wurde liegt wohl auch daran, dass wir als Europäer überwiegend unser Denken benützen und dadurch dem Gefühl wenig Raum zugestehen. Und wenn das Gefühl hauptsächlich benutzt wird, besteht die Gefahr, der Wirklichkeit des Lebens zu entfliehen. Gedanken und Gefühle gehören zusammen. Brauchen ein harmonisches Miteinander.
Bei mir und in der Seelsorge erlebe ich, wie schwierig es ist, an die eigenen Gefühle dran zu kommen. Ich habe mich oft gefragt, weshalb das so ist? Ich kam zu dem momentanen Schluss: Zum einen ist es eine Erziehungsangelegenheit gewesen, dem Gefühl nicht soviel Raum zu geben, denn dann könnte aus dem Kind und Jugendlichen nichts vernünftiges werden. Denken ist angesagt und möglichst das tun, was andere meinen, dass es gut ist für uns und die Gesellschaft.
Zum andern ist es die Angst, über seine Gefühle nicht herrschen zu können, zu viel seelische Regungen zu zeigen, die das Umfeld nicht ertragen kann, weil sie sich selbst oft nicht ertragen können. Und wenn einer Gefühle zeigt, dann kann das zu einer peinlichen Situation kommen. Menschen verunsichern, weil sie damit nicht umgehen können. Sollen wir deshalb diese wichtige Instanz in uns unbeachtet lassen?
Selbsterkenntnis - das ist mir neu bewusst geworden - ist eine Ermutigung der Bibel, sie zu leben. Ich wünsche jedem, einschließlich mir, dass es uns wichtig ist, uns selbst zu sehen, zu spüren, was sich in uns regt, auch wenn wir es nicht gleich erkennen und erklären können.
Es ist mir in meinem Leben folgendes klar geworden. Wenn ich mich auf Gott einlasse, dann lass ich mich letztlich auf mein Leben ein, denn mein Leben kommt von Gott. Und wenn ich mich auf mich einlasse, dann lasse ich mich auch auf Gott ein. Das ist das Zusammenspiel meines Lebens und der Existenz Gottes in meinem Denken und Fühlen. In meinen Gedanken und Gefühlen erkenne ich mich selbst.
Die Gedanken machen mir bewusst, was ich von klein an erlebt, wahrgenommen und gelernt habe, und dass ich vieles von den Erwachsenen übernahm, ohne in späteren Jahren zu überprüfen, ob das Erlernte auch zu mir passt. Bin ich fremdbestimmt oder habe ich meine eigenen

Entscheidungen getroffen, wie ich mit dem Leben umgehe? Selbsterkenntnis hat mit Standortbestimmung zu tun. Wo stehe ich gerade? Ist mir das wichtig, so zu leben wie ich es tue? Möchte ich anders sein, weil ich merke, dass mein Leben nicht rund läuft? Und dann darf ich spüren, was ich wirklich will. Was tut mir gut? Was ist für mich und nicht gegen den andern? Wie kann ich Akzente geben, die weg gehen von rechtfertigen, erklären, Schuld zuweisen, andere mit hineinziehen, die mit meiner Situation gar nichts zu tun haben, nur weil sie schwächer sind und nicht so redegewandt wie ich es bin, sich nicht wehren und zu sich stehen können. Die Schwächen des andern ausnützen, weil ich meine Schwächen nicht erkennen und zugeben will. Spüren, fühlen ist angesagt. Das eigene Leben wird dadurch leichter.
Wie oft habe ich mich in der Vergangenheit zurück gezogen und nach außen hin den Starken gemacht. Und Beziehungen haben darunter gelitten, weil meine Gegenüber gemerkt, gespürt haben, dass die Echtheit fehlt. Wie sieht es wirklich in mir aus. Und wenn ich manches geklärt habe, auf meine Gedanken und Gefühle hörte, wurde das Miteinander leichter. Echt sein wurde sichtbar und die Anstrengungen, mühevoll dem andern zu begegnen und gute Mine zum schlechten Spiel zu machen geht verloren.

Selbsterkenntnis - Chance fürs Leben

Ich möchte nicht mehr tauschen, schon gar nicht mehr zurück. Das heute ist angesagt. Was mach ich aus jedem Augenblick? Mir treu bleiben und zu dem stehen, was gerade ist. Das dürfen auch alte Geschichten sein, die plötzlich und unverhofft wieder aufflammen. Dazu stehen, dass es so ist. Dann bin ich authentisch und das Rätselraten, wie ich dem andern und er mir begegnen soll, damit es nicht zum Crash kommt, ist nicht mehr nötig. Selbsterkenntnis ist der Weg zu einem positiven Miteinander.
In Beziehungen, in Freundschaften, in Ehen, in den christlichen Gemeinden würde es entspannter und freudiger zugehen, würde die Basis der Selbsterkenntnis vorhanden sein und der Wille, sie zu leben unser aller Eigentum darstellen.
Eine Geschichte der Bibel fasziniert mich immer wieder. In Markus 8, 22 - 26 können wir lesen, wie Jesus einen

Blinden sehend macht. Er führt ihn außerhalb des Dorfes, ist mit ihm allein und rührt mit seinem Speichel und der Erde einen Brei an, den er dem Blinden auf die Augen streicht.
Das erfordert von dem Mann Demut. Den Kontakt mit der schmutzigen Erde zu ertragen. Demütig kommt von dem Wort humilis. Der Blinde musste mit seiner Erde in Berührung kommen. Bodenständig sein. Zu dem stehen, wer er ist. Zunächst kann der Blinde nur Umrisse erkennen. Da legt ihm Jesus noch mal die Hände auf. Handauflegung ist das Gebet der Ermutigung, das Leben meistern zu können. Jetzt sieht der Mann alles deutlich. Alles konnte er genau erkennen. Er war geheilt. Blind sein, und ich übertrage nun, hat oft damit zu tun, nicht sehen wollen, dass es mit der eigenen Bodenhaftigkeit schwierig ist. Die Wirklichkeit nicht sehen wollen. Da muss man erst mal mit der schmutzigen Seite in Kontakt kommen und den Mut aufbringen - das ist die Demut - humilitas (mit der Erde in Berührung sein) - zur eigenen Wahrheit zu stehen. Selbsterkenntnis. Dieser Prozess braucht Zeit. Jesus hat es uns vorgemacht, wie er mit dem Blinden umgegangen ist. Liebevoll, sich Zeit für ihn nehmen. Nach und nach zum Sehen verhelfen. Das ist die tiefe Seelsorge an Menschen. Keine Überforderung sondern Schritt für Schritt vorangehen, damit alles klar erkannt werden kann. Ich wünsche uns, dass wir alle den Mut aufbringen Selbsterkenntnis erfahren zu wollen. Auch dann, wenn es uns schwer fällt, mit unserem Innersten in Kontakt zu gehen. Wir haben das Recht dazu, Selbsterkenntnis zu bekommen und uns darin gegenseitig zu ermutigen. Die Ängste, vor dem nicht verstanden werden sind unbegründet. Und sollte es vorkommen, muss es uns nicht behindern, unseren authentischen Weg zu gehen. Nur so gewinnen wir für uns und sind eine Chance für unser Leben und das unserer Mitmenschen. Gottes Wille ist es, dass wir diesen Weg gehen, denn er hat uns die Instanzen der Gedanken und Gefühle geschaffen und uns damit beschenkt. Wir dürfen sie nützen. Gottes Liebe begleitet uns dabei und wir können aufrecht und auf Augenhöhe unserem Umfeld begegnen und sicher unser Leben führen.

DAS WERTVOLLE GESCHENK FÜR JESUS

Matthäus 26, 6 - 13: "Jesus war in Bethanien Gast bei
Simon, der früher einmal leprakrank gewesen war. 7
Während der Mahlzeit kam eine Frau herein. Sie trug ein
Glas mit kostbarem Öl, mit dem sie sein Haupt salbte. 8/9
Die Jünger regten sich auf: << Das Öl ist ein Vermögen
wert! Man hätte es verkaufen und das Geld den Armen
geben sollen. Das ist doch reine Verschwendung! >> 10 Als
Jesus ihren Ärger bemerkte, sagte er: << Warum kränkt ihr
die Frau durch eure Vorwürfe? Sie hat etwas Gutes für
mich getan. 11 Arme werdet ihr immer bei euch haben, ich
dagegen werde nicht mehr lange bei euch sein. 12 Mit
diesem Salböl hat sie meinen Leib für mein Begräbnis
vorbereitet. 13 Überall da, wo man in der Welt Gottes
Heilsbotschaft verkünden wird, wird man auch von ihr
sprechen und von dem, was sie an mir getan hat. >>"

"Es lebten einmal in Russland drei Brüder. Der jüngste von ihnen wurde als Dummkopf bezeichnet.
Eines Tages hatte die Tochter des Zaren den Einfall, Rätsel aufzulösen. Also wurde im ganzen Land bekannt gemacht, dass sich junge Männer bewerben können, der Zarentochter Rätsel aufzugeben. Löst sie das Rätsel, wird derjenige, der es gestellt hat davongejagt. Kann die Zarentochter ein Rätsel nicht lösen, bekommt der Fragesteller sie zur Frau. Es gab viel Bewerber und jeder wurde wieder davongejagt.
So machte sich der jüngere Bruder auch auf den Weg und wollte sein Glück versuchen. Unterwegs sah er, wie ein Pferd im Kornfeld stand. Er jagte es mit seiner Gerte aus dem Feld und sprach dabei: <<Das ist ein Rätsel. >> Er ritt weiter, da fand er eine Schlange, packte sie und schlug sie mit der Lanze tot. <<Das ist ein zweites Rätsel >>, dachte er.
Am Zarenhof angekommen, wurde er vorgelassen und aufgefordert, Rätsel aufzugeben. Da sagte er: <<Auf meiner Reise hierher sah ich Gutes, im Guten war Gutes, da nahm ich mein Gutes und jagte Gutes aus dem Guten. >> Die Zarentochter konnte das Rätsel nicht lösen und gab vor, Kopfschmerzen zu haben und morgen das Rätsel aufzulösen. Da wählte die Zarentochter unter ihren Dienerinnen die Verlässlichste aus und schickte sie zu Iwan dem Dummkopf um ihn auszufragen und ihm dafür Gold und Silber zu geben, wenn er die Lösung sagt.

Das Mädchen ging und Iwan sagte ihr: << Wozu brauche ich Geld? Ich habe selbst viel. Wenn die Prinzessin die ganze Nacht bei mir im Zimmer wachend zubringt, dann löse ich das Rätsel auf.>>
Die Zarentochter war einverstanden. Am Morgen sagte Iwan, dass er das Pferd aus dem Kornfeld gejagt hat. So löste die Zarentochter das Rätsel auf. Beim zweiten war es die gleiche Prozedur. Iwan gab sein Rätsel auf, die Zarentochter konnte es nicht lösen und verbrachte wieder die Nacht wachend bei ihm. Am Morgen erzählte er die Lösung und die Zarentochter gab die Lösung bekannt.
Für das dritte Rätsel lud Iwan alle Senatoren ein. Dann gab er sein Rätsel auf, dessen Kern die Art und Weise war, durch die die Zarentochter die ersten zwei erraten hatte. Wieder konnte die Zarentochter die Lösung nicht finden und musste auch die dritte Nacht ohne Schlaf bei Iwan verbringen.
Als er ihr dann die Lösung sagte, konnte sie doch nicht vor allen Leuten sagen, auf welche Weise sie die ersten beiden Rätsel erraten hatte, deshalb gab sie zur Antwort: << Ich weiß es nicht. >> Daraufhin wurde ein fröhliches Fest und eine Hochzeit gefeiert. Iwan Dummkopf nahm die Zarentochter zur Frau und sie lebten und gediehen und leben noch heute." (Russisches Märchen)

Ein wichtiges Wort im Zusammenleben von uns Menschen ist die Offenheit. Durch diese Art zu leben kann es zu einer guten Beziehung und zu einem positiven Miteinander kommen.
Offenheit, das beinhaltet für mich, mich so zu zeigen wie es mir wirklich geht. Dass ich es so sage und mich so zeige, wie ich es wirklich meine. Manchmal kommt es mir bei Begegnungen vor wie bei einem Ratespiel. Wie denkt mein Gegenüber? Wie fühlt er/sie? Welche Stimmung ist vorhanden? Und tippe ich daneben, bekomme ich den schwarzen Peter zugeschoben.
Ähnlich kann es meinem Gegenüber mit mir gehen. Es ist nicht leicht, sich zu zeigen. Denn die Erfahrungen haben uns gelehrt, nicht immer verstanden und durch Offenheit verletzt zu werden. Also wird oft geschwiegen und der Echtheit aus dem Weg gegangen.
Eine solche Verschlossenheit kann Aggressionen auslösen, die dann sichtbar werden, wenn niemand damit rechnet.

Die versteckte Offenheit

Jesus sitzt zusammen in einer Männergesellschaft. Er ist Gast bei Simon, womöglich einer, der durch Jesus vom Aussatz befreit wurde. Seine Jünger sind auch dabei. Während der Mahlzeit ereignet sich außergewöhnliches. Eine Frau kommt in den Raum. Außergewöhnlich deshalb, weil in der damaligen Zeit Männer unter sich sein wollten und Frauen mehr oder weniger in der Männerrunde unerwünscht waren. Diese Frau bricht eine Tradition und traut sich, die Männergesellschaft zu stören. Womöglich waren die Männer erst mal sprachlos. Was hat die Frau vor? Sie trägt ein Glas mit kostbarem Öl, geht auf Jesus zu und salbt seinen Kopf damit. Das Öl verströmte einen intensiven Duft.
Ich kann mir vorstellen, dass da einiges durch die Köpfe der Männer geht. Neid, eventuell unmoralische Gedanken, Benachteiligungsgefühle. Jesus lässt die Frau mit ihrer Absicht zu. Und schon beginnt der Wortkrieg. Häufig festzustellen unter Männern. Wenn wir die Reden genau anschauen, sind sie nicht offen, nicht ehrlich. Ich nenne dieses Verhalten eine versteckte Offenheit. Sogenannte wirksame Argumente werden ins Feld geführt wie: << *Das Öl ist ein Vermögen wert! Man hätte es verkaufen und das Geld den Armen geben sollen. Das ist doch reine Verschwendung!* >>
Auch in unserer Zeit werden solche Reden geführt. Man hätte doch... man sollte mehr... wie kann man nur... ich versteh das nicht... Und häufig werden diese Reden unter vorgehaltener Hand ausgesprochen. Unfriede und negative Einflüsse kommen zustande. Was ist der eigentliche Ärger? Was ist der Grund zur Aufregung? Da bekommt jemand etwas geschenkt und ein anderer sagt: Das braucht es doch nicht. Du hättest das für etwas anderes oder für jemand anderen verwenden können. Ist das nicht Paradox. Was geht es mich an, wenn ein anderer beschenkt wird. Auch dann, wenn es ein wertvolles Geschenk ist.

Vorwürfe, die zurück kommen

Matthäus berichtet, dass sich sogar seine Jünger aufregen. Markus spricht von einigen Gästen, die sich erregen. In den meisten Fällen kommt das eigene Gefühl der Benachteiligung zum Ausdruck.

Und Fragen stehen im Raum: Weshalb geht es dem andern besser als mir? Warum wird er mehr beachtet als ich? Wieso kann der sich besser kleiden und zeigen als ich es kann oder ich mich traue, es zu tun? Mein Ehepartner, mein Freund, meine Freundin ist mehr akzeptiert als ich. Es gelingt mir nicht so, mit dem Leben umzugehen wie es mein Gegenüber meistert. Kann das nicht auch eine versteckte Offenheit sein? Mich kleiner zu machen und den andern übermächtig anschauen, anstatt die eigenen Gefühle wirklich zuzulassen und ins Gespräch gehen mit den Vertrauten.
Wenn mein Gegenüber das Gefühl bekommt, dass ich mich klein mache, kann es zu Unstimmigkeiten kommen, ja sogar zu Verletzungen. Sich klein machen gibt der Kränkung Chancen, der eigenen und meinem Nächsten gegenüber. Jesus sagt seinen Jüngern: *<< Warum kränkt ihr die Frau durch eure Vorwürfe? Sie hat etwas Gutes für mich getan. >>*
In dem Märchen am Anfang wollte die Königstochter Lösungen finden, um nicht dumm dazustehen. Die Berechnung ging nicht auf und sie kam erst durch Umwege zu ihrem Glück.
Jesus erkennt die Situation genau und er macht den Männern bewusst, dass Offenheit Beziehung schafft. Die Frau hat das getan, was ihr Bedürfnis war. Liebe zu zeigen und das Kostbarste zu schenken. Dem, der für uns Menschen sein Leben gibt, damit wir leben können. Das Salböl mag auch dafür ein Symbol sein, wie wertvoll das Geschenk Gottes durch Jesu Tat an uns Menschen ist.

Der Schutz Jesu - auf den Punkt gebracht

Noch eins ist mir bei dieser Begebenheit aufgefallen und wichtig für mich, zu erwähnen. Jesus schützt die Frau, die von der Männergesellschaft abgefertigt wird. Diese Frau hat den Wert Jesu erkannt und überall wird von ihr berichtet werden, so Jesus.
Keiner hat das Recht, irgend einen Menschen zu diskriminieren, schon gar nicht, wenn er mit Gott in Kontakt ist. Jeder - und das ist auch der Inhalt dieser Begebenheit - ist von Gott geschützt. Erlösung durch Christus ist und bleibt eine Garantie für dich und mich, dass Gott seine Hand über uns hält und uns nie im Stich lässt. Auch wenn uns was daneben geht. Christus ist gekommen um den Sünder aufzurichten und nicht zu verurteilen.

Er ist gekommen, damit die Menschen, wieder durchatmen können. Sogenannte theologische Auseinandersetzungen werden in den meisten Fällen benützt, um das Eigentliche zu überdecken, es nicht preis geben zu müssen. Solche Auseinandersetzungen sollten aus unserem Miteinander herausgenommen werden. Wir können uns über Fragen, die aufkommen, unterhalten, hinschauen, überprüfen. Aber es darf niemals zu Streitigkeiten oder gar zu dem Verhalten kommen, dem andern den Glauben abzusprechen oder ihn der Verdrehung zu bezichtigen. Selbst wenn es so wäre, kann ich den andern fragen, wie er auf diesen und jenen Gedanken gekommen ist, und dann von meiner Erkenntnis reden. Wie der andere damit umgeht, ist seine Entscheidung und nicht meine Aufgabe, den andern zu verändern.

Natürlich ist es wichtig, darüber zu reden, wenn Verhalten an den Tag gelegt werden, wo Menschen verunsichern. Da ist ein Dialog von Wichtigkeit. Bei allem ist entscheidend, ehrlich, aufrichtig, offen zu sein. Jesus hat sein Anliegen auf den Punkt gebracht, indem er den Wert seines Kommens bewusst macht und der Männergesellschaft sagt, dass Kränkungen auf einen selbst wieder zurückfallen und das Miteinander stören.

Wir dürfen uns unseres Wertes bewusst sein. Wir leben von der Gnade, von der Zustimmung Gottes zu unserer Erlösung. Nichts anderes hilft uns, Befreiung zu leben. Und dazu die Gewissheit in sich tragend, einmal ewig bei Gott sein zu dürfen. Ja miteinander die Ewigkeit zu verbringen. Immer, wenn das Osterfest gefeiert wird, denkt die Christenheit auf dieser unserer Welt an die große Tat Jesu. Leid, Verachtung, Tod und Auferstehung Jesu wird in unser Bewusstsein gerückt.

Wie bedeutungsvoll ist doch unser christliches Miteinander. Uns selbst wert zu schätzen. Uns zu lieben. Den Nächsten wertzuschätzen und ihn lieben, weil Jesus deinen und meinen Wert ewig gemacht hat. Nur auf dieser Basis wird es uns möglich sein, Verletzungen, Unstimmigkeiten, auch Recht haben zu wollen, zu verabschieden und in Liebe uns selbst und dem Nächsten zu begegnen. Dann wird Ostern ein Erlebnis für uns ganz persönlich und für unsere Gemeinde. Jesus beschenkt uns immer mit seiner Liebe, wir dürfen sie mit vollen Händen nehmen.

Kroatien - Plitwitzer Seen 1986

IN GOTT GEBORGEN

Markus 10, 13 – 16: „Einige Eltern brachten ihre Kinder zu Jesus, damit er sie segnete. Die Jünger aber wollten sie wegschicken. 14 Als Jesus das merkte, wurde er zornig: »Lasst die Kinder zu mir kommen, und haltet sie nicht zurück, denn für Menschen wie sie ist Gottes neue Welt bestimmt. 15 Hört, was ich euch sage: Wer sich die neue Welt Gottes nicht wie ein Kind schenken lässt, dem bleibt sie verschlossen.« 16 Dann nahm er die Kinder in seine Arme, legte ihnen die Hände auf und segnete sie."

„Es war einmal ein kleiner Junge, der lebte in einer Hütte auf einem grünen Hügel. Er war glücklich. Und doch fehlte ihm etwas zu seinem Glück, denn da gab es etwas, das er

sich mehr als alles auf der Welt wünschte: Jeden Tag gegen Abend, wenn die Sonne allmählich sank, saß er auf der Schwelle, stützte sein Kinn in die Hand und starrte über das weite Tal hinüber zu einem Haus, das goldene Fenster hatte. Wie Diamanten leuchteten sie!
Es war ein wunderbarer Anblick und er konnte sich nicht sattsehen und er wünschte sich sehnlichst, dass er einmal in einem solch schönen Haus wohnen könnte. Tag für Tag, Jahr für Jahr faszinierte ihn das Haus mit den goldenen Fenstern und als er schließlich alt genug war, um in die Schule zu gehen, beschloss er, das Haus seiner Träume endlich kennenzulernen.
An einem Nachmittag im Sommer machte er sich auf den Weg. Aber er brauchte länger als er gedacht hatte und als er schließlich ankam, war die Sonne bereits untergegangen. Er erlebte eine schreckliche Enttäuschung: das Haus hatte gar keine goldenen Fenster, ja es war nichts anderes als eine einfache Hütte mit ganz gewöhnlichen Fenstern.
In der Hütte lebte ein Ehepaar und da es schon zu spät für den Rückweg war, behielten sie den kleinen Jungen über Nacht bei sich. Wie groß aber war seine Überraschung, als er am frühen Morgen erwachte und aus dem Fenster schaute: Fern über dem Tal stand ein anderes Haus mit goldenen Fenstern und jedes einzelne Fenster blinkte und blitzte so herrlich, wie er es nie zuvor gesehen hatte. Voller Erwartung lief er darauf zu. Da erkannte er es: Es waren die Fenster des Hauses, in dem er wohnte." („Das goldene Fenster" aus: „Die Blumen des Blinden" Nr. 11 H. L. Gee)

Wie nimmst du deine Welt, in der du lebst, wahr? Wie nimmst du deine religiöse Welt wahr, für die du dich entschieden hast? Was fühlst du, wenn du Faszination und Enttäuschung in Übereinstimmung bringen musst?
Manch einer lebt Jahrzehnte mit Idealvorstellungen, in der Hoffnung, sie verwirklichen zu können. Und im Laufe der Zeit verändert sich das Umfeld. Erkenntnisse kommen hinzu, die eine Veränderung mit sich bringen. Wir begegnen Menschen mit Ideen, mit Einfühlungsvermögen und wir entdecken unsere wirklichen Bedürfnisse und kommen dort an, wo wir wirklich zu hause sind.
Heute sind wir zusammengekommen, um miteinander Gottes Fest zu feiern. Anzukommen in unser geistliches zu hause. Ich wünsche uns, dass es uns möglich ist, das Abendmahl heute ganz neu aufzunehmen.

Gewohntes für eine kurze Zeit verlassen und sich auf etwas Neues einlassen, auch wenn die Form eine Alte darstellen mag. Begleitet, geführt, hinein genommen in das Gewohnte und doch Neue in der Geborgenheit der Gemeinde. Deiner Schwester, deinem Bruder, dem der dir hier begegnet. Wie gehst du damit um? Abwartend? Erleichtert weil sich ein neues Hinschauen auftut?

Eltern bringen ihre Kinder zu Jesus

Eltern bringen ihre Kinder zu Jesus. Wichtige Themen hat Jesus angesprochen. Es geht ihm um Beziehungen leben in den unterschiedlichsten Varianten. Und da kommen sie, die Eltern und ihre Kinder. Sie kommen zu dem Menschenfreund, dem Kinderfreund.

Als ich mich auf diese Predigt vorbereitete, habe ich in verschiedenen Publikationen und in Kirchengeschichtsbücher nachgelesen, wie das denn so war mit der Entwicklung des Abendmahles. Und da kam mir in den Sinn, dass an diesem Beispiel Abendmahl die Haltung von uns Menschen sichtbar wird. Natürliches wird zu einer festgeschriebenen Form. So genannte Sicherheiten werden entwickelt und der Versuch wird unternommen, glaubhaft zu machen, dass dies Gottes unabänderlicher Wille ist, das Abendmahl in der Tradition zu feiern.

Als die ersten Christen beginnen, sich in den Häusern zu treffen und gemeinsam ihre Mahlzeiten einzunehmen, entsteht ein Gemeinschaftssinn wie ihn Jesus vermittelt hat. Und während der Treffen halten jung und alt die Erinnerung hoch, dass Jesus der Retter für uns Menschen geworden ist. Erwachsene geben der jüngeren Generation ihren Glauben, ihr Vertrauen zu Jesus Christus, dem menschgewordenen Gott und Retter weiter. Brot und Wein werden nach dem Vorbild, das Jesus seinen Jüngern beim letzten Passahmahl gibt, symbolisch als Erinnerung und als Ausblick auf Jesu Kommen gegessen und getrunken. Es war jedes Mal ein Familienfest. Vom Kleinsten bis zum Ältesten sitzen sie zusammen und freuen sich über ihre Rettung, über ihr ewiges Leben. Das, was beim Passahmahl als Erinnerung an die Befreiung von der Sklaverei und in Erwartung auf den Messias gefeiert wurde, kann als Fest der Erfüllung und der unerschütterlichen Hoffnung auf Jesu zweites Kommen feiernd erlebt werden.

Leider hat sich sehr bald das Blatt gewendet. Menschen haben durch Machtanspruch und entgleister Frömmigkeit das Abendmahl der Gemeinde entzogen und verkirchlicht. Der Klerus ist entstanden. Männer werden ordiniert und haben allein das Sagen, was richtig und falsch ist. Sie haben für sich allein beansprucht, religiöse Handlungen durchzuführen. Weg vom biblischen allgemeinen Priestertum und hin zum klerikalen Handeln.
Und immer noch, im dritten Jahrtausend, diskutieren und debattieren Christen und auch wir in unserer Kirche, über den Wert einer Frau.
Denn es ist nichts anderes als eine Wertung, wenn wir Frauen das Recht zur Gleichberechtigung in geistlichem Handeln und Entscheiden absprechen.
Als ich das so an mir vorüberziehen ließ, kam mir in den Sinn, wo wir eigentlich als Gemeinde angekommen sind. Und es kamen mir Fragen. Wie wichtig sieht sich der Einzelne in seinem Glaubensleben? Ist die Erkenntnis und Einstellung gegenüber dem Menschenbild eine Bereicherung für jeden persönlich oder wird sie als Mittel eingesetzt um andere zu belehren, zu missionieren, sie niedrig zu sehen?
Kinder werden zu Jesus gebracht weil sie in seine Nähe gehören. In sehr früher Zeit der Kirchengeschichte wurden Kinder von gottesdienstlichen Ereignissen ausgeschlossen. Dazu gehörte vornehmlich das Abendmahl. Diese Feier wurde zu einem Sakrament erhoben, was bedeutet, dass es verstehbar erklärt werden muss und nur von solchen gefeiert werden darf, die dafür als „würdig“ eingestuft sind. Aus einer Gemeinschaftsfeier, aus einem Familienmahl wird eine religiöse Handlung, die so starr ist, dass gewohnte Praktiken nicht ohne größere Diskussionen verändert werden können.
In meinen Bibelgesprächen besonders bei Jugendlichen spreche ich über die Bedeutung des Abendmahles und lade sie zur Teilnahme ein. Die meisten haben es immer freudig aufgenommen. Und ich rufe auch heute Morgen jedem freudig zu, seid willkommen zu unserer wohltuenden Feier. [Es gibt kleinere Kinder unter uns, wo ich den Eltern die Entscheidung überlasse, ob sie ihre Kinder teilnehmen lassen wollen.] Mir ist bewusst, dass eine religiöse Gewohnheit auch Zeit braucht um ihre Veränderung zu durchdenken und dem Neuen nachspüren, was es mit einem macht. Und ich bitte jeden hier in der Gemeinde, die Entscheidung des Einzelnen zu respektieren.

Jeder kann auf sich schauen und nachspüren, weshalb er an diesem Mahl teilnimmt und wie ihm die Erlösungsgewissheit bewusst ist. Noch einen Zwischenton dazu: Es gibt Christen, die sich mit irgend einem Problem beschäftigen. Womöglich mit andern nicht zurecht kommen. Ich ermutige sie, mit Gott darüber zu sprechen und für den Moment unserer Feier, alles Gott zu überlassen und an diesem Fest teilnehmen. Es wirkt manchmal wie ein Wunder, dass plötzlich ein anderer Zugang zu dem Problem gefunden wird. Zumindest verschafft es jedem persönlich den inneren Frieden. Auch das ist ein Sinn des Abendmahles, Frieden zu schaffen, ihn zuzulassen.

Unmut und Zurechtweisung

In unserer Begebenheit wird sehr deutlich, dass sich Menschen einmischen in die Entscheidung eines Einzelnen. Unwillig – wie Lukas in seinem Bericht schreibt – wollten die Jünger Jesu die Eltern mit ihren Kindern wegschicken. Wie reagiert Jesus? Er wird zornig und weist seine Jünger zurecht. Weshalb? Weil sie sich in Angelegenheiten einmischten, die sie nichts angehen. Jesus kann für sich selbst sorgen und sagen, was ihm zu viel ist. Auch das ist wichtig für eine Gemeinde. Jeder kann für sich sorgen. Und wenn mir etwas auffällt, wo ich den Eindruck habe, mein Gegenüber kommt in Not, dann kann ich mit ihm persönlich sprechen und meinen Eindruck sagen. Doch ich habe nicht das Recht - und keiner von uns – dem andern zu sagen wie er zu glauben, zu leben, zu entscheiden hat.

Eine weise Frau, die im 19./20. Jahrhundert lebte sagte folgendes:

"In Gewissensangelegenheiten dürfen niemanden Fesseln angelegt werden. Niemand ist berechtigt, eines anderen Denken zu beherrschen, für ihn zu entscheiden oder ihm seine Pflichten vorzuschreiben. Gott verleiht jedem Menschen die Freiheit, selbst zu denken und seiner Überzeugung zu folgen. >>So wird nun jeglicher für sich selbst Gott Rechenschaft geben.<< (Röm. 14, 12) Niemand darf seine eigene Persönlichkeit in der eines anderen Menschen aufgehen lassen. In allen grundsätzlichen Fragen muss es heißen: >>Ein jeglicher sei seiner Meinung gewiss.<< (Röm. 14, 5) Im Reich Jesu

Christi gibt es weder gebieterische Unterdrückung noch Zwangsmittel.“ (E.G. White Leben Jesu, S. 542 Advent Verlag)

Umarmung im „Reich Gottes“

Markus berichtet, dass Jesus seine Jünger aufklärt und sagt, dass die Kinder für Gottes Reich bestimmt sind. Ein Kind trägt Urvertrauen in sich. Kinder sind eigenständige Persönlichkeiten. Sie brauchen unsere liebevolle Begleitung. Sie brauchen das Wissen, dass sie sich auf uns als Erwachsene verlassen können und niemals in irgendeiner Weise benützt, missbraucht oder verängstigt werden.

Gemeinde ist auch für sie ein Platz ihrer geistlichen Entwicklung. Und wir alle stehen dafür, dass sich diese Entwicklung freudig, vertrauensvoll, mit Liebe umgeben gestaltet. Jesus macht uns das in dieser Begebenheit bewusst. Sein Zorn ist als eine klare Entscheidung für das Kind zu sehen und nicht gegen seine Jünger. Und Jesus nimmt die Kinder in seine Arme, legt ihnen die Hände auf und segnet sie.

Hineingenommen werden in Gottes Welt. Spürst du die Umarmung Gottes? Heute? Jetzt? Gestehst du jedem, der hier in diesem Raum ist zu, dass er von Gott geliebt, umarmt, akzeptiert ist? Manchem mag es schwer fallen, den, der anders denkt und auf einem anderen Erkenntnisstand ist, zu akzeptieren, dass er auch von Gott geliebt ist und *sein* Vertrauen zu Gott so stimmt. Der Segen Gottes ist für jeden von uns gedacht. Und er bedeutet, dass Gott uns so akzeptiert wie wir sind und uns durch den Segen zuspricht, dass wir fähig sind, noch viel zu entdecken und positiv gestalten können.

Wer gesegnet ist, darf seine Ängste und Nöte bei Gott abgeben und die Liebe in den Mittelpunkt seines Lebens stellen. Ich wünsche mir für unsere Begegnung untereinander, dass die Theologie in den Hintergrund rückt und das Vertrauen zu Gott zu sich selbst und zum Nächsten an erster Stelle steht. Nur so können wir Gemeinde sein und uns wirklich begegnen. Dann werden wir den Segen Gottes bewusst aufnehmen können und in seiner unmittelbaren Gegenwart entspannen, auftanken und mutig miteinander weitergehen.

Hamburg - Planten und Blomen

DEIN GLAUBE HAT DIR GEHOLFEN

Lukas 8, 43 – 48: <<Unter den Leuten war auch eine Frau, die seit zwölf Jahren an starken Blutungen litt. Niemand hatte ihr helfen können, obwohl sie schon von vielen Ärzten behandelt worden war und dafür ihr ganzes Geld ausgegeben hatte. 44 Als sie bis zu Jesus gekommen war, berührte sie von hinten eine Quaste seines Gewandes. Im selben Augenblick hörten die Blutungen auf. 45 "Wer hat mich angefasst?", fragte Jesus. Aber niemand wollte es gewesen sein, und Petrus meinte: "Meister, die Leute bedrängen dich von allen Seiten, und da fragst du, wer dich angefasst hat?" 46 Jesus erwiderte: "Jemand hat mich ganz bewusst berührt. Ich habe gespürt, wie heilende Kraft von mir ausgegangen ist!" 47 Als die Frau erkannte, dass Jesus alles bemerkt hatte, fiel sie zitternd vor ihm auf die Knie. Vor allen Leuten erzählte sie, weshalb sie ihn berührt hatte und wie sie sofort geheilt worden war. 48 "Meine Tochter", sagte Jesus zu ihr, "dein Glaube hat dir geholfen. Geh in Frieden!">>

Als Kind war ich in einem evangelischen Kindergarten. Die Leiterin, Tante Marie, wie wir sie nannten, war eine sehr liebevolle Frau und uns Kinder warmherzig zugewandt.

Ich fühlte mich in ihrer Gegenwart sehr wohl. Das besondere Erlebnis war für mich, wenn wir zu der „Kindergartenbuche" gingen. Sie stand an einem Waldrand und ca. 10 Minuten Gehweg vom Kindergarten bis dorthin. Es ist eine große Buche. Vor einigen Jahren war ich mal wieder dort und der Baum steht heute noch. Wir setzten uns unter den Baum und hörten von der Kindertante Geschichten. Ich kann mich nur noch daran erinnern, dass sie spannend waren und viel mit Jesus und dem Vertrauen an ihn zu tun hatten. Auch diese Zeit hat mich geprägt und meinen Glauben zu Gott gefördert. Ich denke ab und zu an diese Frau und habe ihr vertrauensvolles, freundliches Gesicht vor Augen.

Schon oft las ich die Heilungsgeschichte von der Frau, die Jesus unbemerkt berühren wollte. Es kommen mir immer wieder neue Gedanken. Und ich kann neue, bemerkenswerte Schlüsse daraus ziehen. Besonders für mein Glaubensleben, das ich mit Gott führe.
Viel wurde und wird über den Glauben diskutiert. Besonders über die Vertrauenswürdigkeit von Menschen, die in der Öffentlichkeit stehen. Manchmal habe ich den Eindruck, dass solche Diskussionen ein Wegschauen von sich selbst sein kann. Es lässt sich immer leichter von anderen oder über andere Menschen reden, als die eigene Position vor Augen zu haben. Fragen, die sich mir dabei stellen: Was macht meinen Glauben aus? Was hat der Glaube an Gott mit mir zu tun und was mit Gott? Ist mein christlich geprägter Glaube ein ständiges Erwarten, dass Gott etwas für mich tut? Welche Anteile habe ich daran, dass mein Leben gelingt? Wo ist meine Verantwortung und wo gebe ich sie ab und/oder kann sie abgeben? Fragen, die ich mit euch andenken möchte, um wieder ein Stück in unserem Glaubensleben weiter zu gehen.

Mein Glaube

Vorhin erzählte ich davon, dass mir in sehr jungen Jahren die Beziehung zu Jesus als „normal" vermittelt wurde. Ich habe mich als Kind nicht gefragt, ob das stimmt, was mir erzählt wird. Ich habe der Kindertante vertraut. Und sie strahlte auf mich Vertrauen aus. Mein Vertrauen zu Menschen, die von Jesus erzählten, war für mich glaubwürdig. Es gab für mich keinen Grund, ihnen gegenüber mein Vertrauen in Frage zu stellen oder gar zu verweigern. Das war ein ganz wichtiges Verhalten, damit ich eine Basis bekomme, um darauf aufzubauen. Gott hat in uns kindliches Vertrauen gelegt. Wir leben davon, wenn wir in Beziehungen gehen. Ob mit Gott oder mit Menschen. Ich fühle mich sehr unwohl in der Gegenwart von Menschen, die vieles negativ bewerten oder negativ kritisch hinterfragen. Genau hinschauen ist gefragt. Denn dem Negativen Raum geben beeinträchtigt unsere Lebensqualität und verströmt eine unangenehme Atmosphäre. Was macht also meinen Glauben aus?

Die Informationen die ich von klein an erhalten habe, die Ausstrahlung der Menschen, die mit Gott leben, das Verhalten meiner Mitmenschen in Politik und Gesellschaft, die Veränderungen in der Kultur und vieles andere haben meine Gedanken und Gefühle geprägt. Wie kann ich herausfinden, was für mein Leben gut ist und was mich behindern will, klar zu entscheiden? Vor kurzem las ich *Sprüche 4, 23: „Was ich dir jetzt rate, ist wichtiger als alles andere: Achte auf deine Gedanken und Gefühle, denn sie beeinflussen dein ganzes Leben!“* Der Schlüssel für lebensprägende Entscheidungen ist das achthaben auf die Gedanken und Gefühle. Das sind Instanzen in uns, die Gott hineingelegt hat. Übergehen wir sie, werden wir gelebt und sind den Einflüssen von außen unterlegen. So wird entschieden nach Stimmungslage oder in der Abhängigkeit von anderen Menschen, die um uns sind. Oder es wird ungeprüft übernommen, weil jemand auf uns Eindruck macht und ungeprüft übernommen wird.

Acht haben auf unsere Gedanken und Gefühle. Sie entscheiden auch über unseren Glauben. Ich habe manchen kennen gelernt, der mir sagte, dass das, was er einmal gelernt hat, für ihn gültig ist. Neues zulassen verunsichert und eröffnet die Frage, ob es vor Gott recht ist, neue Glaubensentscheidungen treffen zu dürfen.

Gott ist ein lebendiger Gott, was ihn unterscheidet von den sogenannten anderen Göttern, die starr und unbeweglich sind. Und was lebendig ist, unterliegt dem ständigen Wachstum und der Veränderung. Auch die sogenannten Grundlagen des Glaubens, sind anzuschauen und dem Leben anzugleichen. Gottes Wort gibt uns die Basis, um den individuellen Glauben zu leben, da wir alle unterschiedlich von Gott gedacht sind und so geboren wurden. Da zählt wieder der Ausspruch: Einheit in der Vielfalt. Auch wenn es dem einen und andern Mühe macht, in einer Gemeinschaft zu leben, wo der Glaube unterschiedlich gelebt wird, so ist es doch wichtig, hinzuschauen, dass wir mit dem Glauben, dem Vertrauen umgehen. Dem Einzelnen dies zugestehen ist das Gebot der Stunde und wird es immer bleiben.

Heilung

Jesus bewegt sich in einer großen Menschenmenge. Er wurde zu einem todkranken Mädchen gerufen. Auf dem Weg geschah außergewöhnliches. Eine Frau, die schon eine längere Zeit starke Blutungen hatte und an die Ärzte ihr Geld ausgab, drängte sich durch die Menschenmenge, um zu Jesus zu kommen. Und ihr Gedanke war, ihn einfach zu berühren und schaffte es, den Mantel Jesu anzufassen. Im selben Moment hörten die Blutungen auf. Jesus reagiert und fragt, wer hat mich berührt? Petrus meint, das ist doch kein Wunder, dass dich bei diesem Gedränge jemand stößt. Nein sagt Jesus, jemand hat mich absichtlich angefasst. Ich habe gespürt, wie heilende Kraft von mir ausgegangen ist!

Die Frau gibt sich zu erkennen und erzählt vor allen, weshalb sie ihn berührt hat. Meine Frage, die sich mir neu stellte war: Wie ist diese Frau gesund geworden? Ich habe bisher gedacht, dass Jesus sie geheilt hat. Jesus sagt ja auch, dass von ihm heilende Kraft ausging. Und als ich ganz neu die Geschichte las – und ich habe diese Idee kurz zuvor in einem Buch gelesen – dass diese Frau durch ihren Glauben geheilt wurde, bekam ich eine neue Sicht. Jesus sagt zu der Frau: *„Dein Glaube hat dir geholfen. Gehe in Frieden!“*

Wie oft habe ich selbst nach dem für mich alten System gelebt, gehandelt. Beten, Gott um Hilfe bitten und dann wird sich schon was tun. Wenn sich nichts nach meiner Vorstellung getan hat, dann habe ich entweder falsch gebetet, oder nicht richtig geglaubt oder steht eine Sünde zwischen mir und Gott, oder.. oder.. Das sind Formulierungen in meinem Kopf, die ich gehört und gelernt habe. Du musst dich nur richtig verhalten, und nur dann kann Gott etwas für dich tun. Die Fixierung ist häufig auf Gott bei mir gewesen, anstatt bei mir hinzuschauen, was ich wirklich will und selbst in Gang bringen kann. Vertrauen zu mir haben, dass es für mich Lösungen gibt, die ich noch nicht sehen kann, aber davon überzeugt bin, dass ich im Zusammenspiel mit Gott zu Lösungen finde. Die Frau musste sich durch die Menge drängen. Gebet an Gott war

jetzt nicht gefragt. Sie musste in Kontakt mit Jesus gehen. Und als sie den Mantel angefasst hatte, wurde sie sofort geheilt. Sie hat an sich und an Gott geglaubt.
Ich sehe hier, dass diese Frau ihre ganze Verantwortung für sich übernommen hat. Und in ihrem Vertrauen zu Gott, dass in diesem Zusammenspiel etwas geschehen wird, wurde sie gesund. Heute wissen wir auch, dass Heilungen geschehen, wenn Menschen ihren seelischen Zustand heilen lassen, indem sie mit ihrem Innersten in Kontakt gehen und kompetente Begleiter aufsuchen, die ihnen durch Fragestellungen den Zugang zu ihrem Innersten öffnen. Dann kann auch Selbstheilung zustande kommen. Gott hat uns die Fähigkeit geschenkt, durch Selbstachtung ein gesünderes Leben führen zu können. Viele seelische Nöte würden weniger werden, die sich häufig auch auf körperliche Leiden auswirken, würde mehr auf das innere Befinden geachtet werden. *„Unsere Gedanken und Gefühle beeinflussen unser Leben!“* Wenn das stimmt, wie wichtig ist es dann, darauf zu achten.

Wirkliche Hilfe – Umgang damit

Es ist schon viele Jahre her, da sitzt mir ein Mann gegenüber, der schließlich den Mut aufbrachte, sich auf ein Seelsorgegespräch einzulassen. Manche in seinem Umfeld fürchteten sich vor ihm. Er hatte einiges in seinem Leben an Negativem erlebt und selbst inszeniert. Wir kommen im Gespräch auf seine Kindheit. Und da beginnt dieser Mann an zu weinen. In den Kreisen, in denen er sich aufhält ist Weinen nicht angebracht. Sein Vater hat ihn oft und hart geschlagen. Er kam aus einer schwierigen Familiensituation. Seine Ehe, die er führte, war am Ende. Und dann sagt er mir: „Ich werde versuchen, mich zu verändern.“ Leider hat er es bis heute nicht geschafft. Und doch habe ich mir gesagt, das Gespräch war nicht umsonst. Wer weiß, wann er sich daran erinnert und seine Möglichkeiten nutzt, zu sich und zu Gott Vertrauen zu finden.
Bei diesem Gespräch ist mir damals neu bewusst geworden, dass hauptsächlich durch Selbstvertrauen Heilung geschehen kann. Da setzt die wirkliche Hilfe ein. Es ist doch immer im Interesse Gottes, dass wir lernen, mit unserem Leben umzugehen, auch dann, wenn wir schwierige Voraussetzungen hatten und sie uns geprägt haben.

In meinen Seelsorgegesprächen warne ich immer davor, in Aktionismus oder in ein religiöses Vakuum zu fliehen. Sich dem Leben stellen, auch wenn es schwer ist. Ich wünschte mir, die einzelnen Gemeinden würden den Raum und Platz bieten, Selbstvertrauen zu lernen. Es wird noch zu häufig der Glaube und das Leben des andern angezweifelt und in Frage gestellt. Verantwortung für sich übernehmen, dann kann Gottes Verantwortung für mich erlebbar werden. So kann das Leben gelingen und heil werden. Jesus hat die geheilte Frau verabschiedet, indem er ihr bewusst gemacht hat, dass i h r Glaube ihr geholfen hat. Jesus war nur der Ausführende. Und in dieser Verbindung hat er ihr den Frieden mitgegeben.
Glaube, Vertrauen ist immer mit Frieden verbunden. Auch da können wir bei uns schauen, wie es mit unserem Frieden, innen wie außen aussieht. Ein zusätzlicher Maßstab für unseren Glauben. Denn wer im Unfrieden lebt, fühlt sich nicht wohl in seiner Haut. Es gilt, seine Gedanken und Gefühle anzuschauen, neu zu entscheiden und dann im Frieden gehen.
Ich wünsche uns, dass es gelingt, unser Leben positiv durch unsere Gedanken und Gefühle zu beeinflussen. Dass es uns wichtig ist, die eigenen Möglichkeiten einzusetzen, um den Heilungsprozess einzuleiten. Wo wir nicht mehr weiterkommen, ist Gott immer an unserer Seite um uns den nächsten Schritt zu zeigen, den wir gehen können. So dürfen wir mutig in unsere Zukunft gehen, in dem Bewusstsein, dass wir die Fähigkeit zum Vertrauen in uns tragen, positive Entscheidungen treffen können und dadurch zum wirklichen Frieden kommen. In uns und um uns. Gottes liebevolle Begleitung ist uns gewiss!

Schweiz - Berner Oberland - Eiger, Mönch, Jungfrau

GANZ DICHT DRAN

Johannes 15, 1 - 5: "Ich bin der wahre Weinstock, und mein Vater ist der Weingärtner, 2 *der alle unfruchtbaren Triebe abschneidet. Aber die fruchttragenden Reben beschneidet er sorgfältig, damit sie noch mehr Frucht bringen.* 3 *Ihr gehört schon zu diesen guten Reben, weil ihr mein Wort angenommen habt.* 4 *Bleibt fest mit mir verbunden, dann wird mein Leben in euch sein! Denn so wie eine Rebe nur dann Früchte tragen kann, wenn sie am Weinstock ist, so werdet auch ihr nur Frucht bringen, wenn ihr mit mir verbunden bleibt.* 5 *Ich bin der Weinstock, und ihr seid die Reben. Wer bei mir bleibt, in dem bleibt mein Leben, und er wird viel Frucht tragen. Wer sich aber von mir trennt, kann nichts ausrichten."*

"Ein Bauer fühlte, dass seine Zeit gekommen war. Er hatte nur einen Wunsch, dass seine Söhne die Arbeit in der Landwirtschaft auch in der nächsten Generation fortführen möchten. Darum rief er sie zu sich und sagte zu ihnen: >>Kinder, ich scheide bald aus dem Leben. Ihr aber werdet, wenn ihr nur gründlich sucht, Reichtum in unserem Weinberg finden. <<

Die Söhne meinten, dass er dort einen großen Schatz versteckt habe und gruben nach dem Tode ihres Vaters den ganzen Weinberg um und um. Sie fanden natürlich nicht den gesuchten Schatz, doch der Weinberg war nun so gründlich umgegraben, dass er ihnen Früchte in Fülle brachte."

Als ich mir Gedanken über die Predigt machte, kamen mir Eindrücke aus meiner Kindheit in den Sinn. Ich habe es immer sehr wohltuend empfunden, wenn ich auf dem Schoß meines Onkels sitzen durfte. Mein Vater starb, als ich 2 Jahre alt war. Und ich wünschte mir immer einen Vater. Und dann dieses Gefühl der Sicherheit. Mit meiner Mutter habe ich auch viel geschmust. Diese Geborgenheit gab mir das Gefühl, sicher zu sein. Nichts auf der Welt kann diese Atmosphäre stören.
Dann war ich selber Vater. Und wenn unsere Kinder sich bei mir auf den Schoß setzten, durfte ich ihnen das Gefühl der Sicherheit und Geborgenheit schenken und vermitteln. Von Jesus sind uns einige Begegnungen festgehalten worden, wo er gerade mit Kindern liebevollen und freundschaftlichen Kontakt hat. Es ist auch ein Bild, wie Gott uns Menschen, jedem Einzelnen von uns begegnet. Gott begegnet in der Person Jesus denen, die das natürliche Vertrauen leben und denen, die es wieder finden wollen.

Der wahre Weinstock

Mitten hinein in die Abschiedsreden Jesu zeichnet Jesus ein Bild, das den Menschen im Land Israel sehr vertraut ist. Ein Weinstock, Reben, die Trauben und der Weingärtner. Auch wir können dieses „Naturwunder“ in unserer Gegend wieder bestaunen und erleben.
Der Saft der Traube war eines der Hauptgetränke in Israel. Besonders zu Festen wurde der Wein getrunken. Zum Passahfest, zum Sabbatanfang, zum Fest, das abgehalten wurde, wenn die Israeliten ihren Zehnten nach Jerusalem brachten. Ebenfalls war bekannt, dass ein Weinstock fruchttragende Reben und unfruchtbare Triebe hat. Durch beschneiden der Reben kann die Kraft in die Blüte und dann in die Frucht kommen. Die unfruchtbaren Triebe müssen abgeschnitten werden, damit sie nicht die Kraft des Weinstockes vergeuden. Jesus bringt wieder das Vaterbild Gottes hinein in das Beispiel.

Er, Jesus, ist der wahre, der wirkliche Weinstock und sein Vater der Weingärtner. Schon dieses Bild zeigt die Einheit Gottes. Jesus macht deutlich, dass alle, die in der Verbindung mit Jesus Christus leben wollen, dies auch können. Gott - von Jesus als Vater dargestellt - geht behutsam mit uns Menschen um. Er hat Interesse an uns. Und er möchte unser Bewusstsein stärken, dass wir mit ihm in ständigem Kontakt sein können.
Was sich in unserer Welt im Laufe der Jahrtausende eingebürgert hat, ist ein Leben in Standesunterschieden. Wem Macht ermöglicht wird, der entscheidet, wer sich ihm gegenüber wie zu verhalten hat. Audienzen bei Fürsten, Königen, Kaisern und Päpsten. Die reichen Länder den armen Ländern gegenüber. Arbeitgeber, Arbeitnehmern gegenüber. Das Verhältnis Kinder und Erwachsene. Menschen auf dieser Erde haben gelernt, Ihresgleichen einzustufen. Daraus entstand mehr Wert und weniger Wert. Leider hat sich diese Erfahrung auch mit in die christlichen Kirchen und Gemeinschaften eingebürgert.
Der Klerus und der Laie um nur ein wesentliches Beispiel zu nennen. Die geistlichen Profis und die unwissenden Kirchenmitglieder. Die Geistlichkeit entscheidet, was geglaubt werden kann und soll. Der Laie, sprich das Kirchen- oder Gemeindeglied, ist unwissend und somit abhängig von den sogenannten Gelehrten. Menschen nehmen Strapazen auf sich, um für kurze Augenblicke im Kontakt mit einem Kirchenfürsten zu sein. Ein für mich menschenunwürdiges Leben.
Jesus macht uns als Menschen klar, dass wir zu ihm gehören dürfen. Er der Weinstock. Der Stamm, aus dem die Zweige, die Reben wachsen und Frucht bringen. Kein Abstand. Keine Wartezeit auf eine Audienz. Gott stellt sich dar als der, der den unmittelbaren Kontakt mit dir und mir will. Ein Gott, der Zeit für uns hat und sie sich immer für uns nimmt, egal, wann und wie wir zu ihm kommen.

Die guten Reben

Es war für mich wieder eine neue Erfahrung als ich mir Gedanken über dieses Beispiel Jesu machte, dass mir zuerst Predigten einfielen, die Warnungen zum Hauptinhalt hatten. Wie wichtig es ist, kein unfruchtbarer Trieb zu sein, denn sonst wird man abgeschnitten und hat keine Chance mehr, mit Gott zu leben. Ich empfinde dies als eine Tragik. Bei näherem Hinschauen geht es Gott doch darum, dass er mir die Vorteile aufzeigt, die das dran bleiben mit sich bringen. Johannes 15, 3 ist für mich die Hauptaussage: *"Ihr gehört schon zu diesen guten Reben, weil ihr mein Wort angenommen habt."* Jesus spricht seine Nachfolger an. Und wir dürfen das auf uns übertragen. Wer sein Wort angenommen hat - mit anderen Worten - wer ihm sein ganzes Vertrauen schenkt und glaubt, dass Jesus für ihn den ewigen Tod gestorben ist, der gehört zu ihm. Der ist bereits eine gute Rebe. Und das Beschneiden der Rebe ist Handeln Gottes an mir. Da steht das Wort *reinigen, säubern, von etwas losmachen*. „Hoffnung für alle" übersetzt: *sorgfältig beschneiden*. Übertragen heißt das doch, dass Gott Interesse daran hat, uns hilfreich zur Seite zu stehen, um das zu beseitigen, was uns behindern will in unserem Leben.

Gott möchte, dass uns unser Leben sinnvoll erscheint. Mit all den Möglichkeiten die sich bieten. Es geht nicht um den Maßstab, der von Menschen angelegt wird. Deine und meine Möglichkeiten sind angesprochen. Ich merke bei mir und ich erlebe es in der Seelsorge, dass Sehnsüchte da sind, unnütze Blockaden loszuwerden. Und wie mühsam ist es oft, dies zu erreichen. Mancher gibt auf und bleibt in seinem Unglück. Und andere sind drüber, dem eigenen Leben das abzugewinnen, was es an Reichtum in sich trägt. Und das entscheidest du und das entscheide ich in der Verbindung mit Gott.

Die Rebe sorgfältig reinigen heißt, den Ballast zu beseitigen, der uns behindern will, damit das Leben wieder greifen kann. Gott ist immer dabei, uns zu begleiten, dass wir solche Menschen werden, die fähig sind Entscheidungen zu treffen die den Umgang miteinander fördern. Ob mit dem Nächsten oder mit Gott.

Immer wieder begegne ich Menschen, die versuchen, durch Negativentscheidungen ihre Ängste zu bewältigen. Und das Ergebnis ist bei solchen Versuchen hauptsächlich Frust bei sich oder im Umfeld. *"Eine gute Rebe trägt viel Frucht" (Vers 5)* Wenn ich die Gelegenheit habe, an einem Weinberg vorbei zu kommen und die reifen Trauben hängen sehe, dann ist das für mich schon sehr beeindruckend. Jesus überträgt das Bild des fruchttragenden Weinstockes auf uns Menschen, auf solche, die sich mit Gott verbunden wissen. Wer mit Gott lebt, der ist wie eine fruchttragende Rebe. Und mancher fragt sich, was diese Frucht wohl ist? Manches wurde darüber schon diskutiert und festgelegt.

Wie ich die Bibel in ihrem Kontext, ihrem Zusammenhang und Anliegen verstehe, geht es darum, dass wir das Allerbeste aus unserem Leben machen dürfen. Wir müssen uns nicht mit dem zufrieden geben, was wir bisher gelebt haben. Jeder Tag bringt neue Veränderungen in dieser Welt. Und wir sind gefragt, uns damit auseinander zu setzten. Erkenntnisse in unserem geistlichen Leben verändern sich. Oft erfordern solche Erkenntnisse einen anderen Lebensstil. Der Umgang miteinander verändert sich, wenn der Einzelne bei sich zur inneren Stabilität gefunden hat. Menschen, die mit uns in Kontakt kommen, werden erkennen, dass es lohnenswert ist, sich mit Gott zu beschäftigen.
Wir feiern heute Abendmahl. Es ist auch ein Denken daran, dass Gott unserem Leben eine neue, eine ewige Qualität geschenkt hat. Ein Leben mit Gott in alle Ewigkeit. Frucht, das ist das Ergebnis meiner Überzeugung, meiner Offenheit, meines genauen Hinschauens. Diese Frucht beschränkt sich nicht auf die Entscheidungen für Gott, die andere treffen, weil sie mit mir im Kontakt sind. Ich als Rebe - so das Bild - trage Frucht. Bei mir wird etwas sichtbar. Und das dürfen wir anschauen und beachten. Denn wenn ich Frucht trage, wird es seine Auswirkungen nach außen haben.
Wir stehen in der Gefahr, auch im missionarischen betriebsam zu werden. Jesus vermittelt uns, dass wir einfach unseren Glauben leben und es wird bemerkt von unserem Umfeld.

Ganz dicht dran sein

Im letzten Studienjahr meiner Predigerausbildung fuhren wir als Klasse nach Genf. Von dort aus besuchten wir die adventistische Schule Collonges su Salev. Der Salev ist ein Mittelgebirgszug mit vielen Felswänden.
Mit einem Lehrer der Schule kletterten wir an diesen Felswänden auf den Salev. Wir hatten eine gute Führung und für den Notfall auch ein Seil dabei. Wichtig war bei dieser Klettertour, dass wir ganz dicht am Felsen geblieben sind. Wir haben uns den Gegebenheiten angepasst um die Tour zu bewältigen. Jeder von uns ist sicher oben angekommen. Auch wenn uns manchmal Ängste überfallen haben. Ganz dicht dran. Das ist es, was Jesus uns vermitteln möchte. Wir leben in einer Welt voll Überraschungen. Voll von unvorhergesehenen Situationen,

die uns ganz fordern. Und wo mehrere Menschen zusammen sind, da bleibt es nicht aus, dass mehrere Meinungen lebendig werden und wir zu einem konsensfähigen Miteinander kommen müssen. Jesus ist es ein Anliegen, dass wir in solchen Situationen in unserer Entscheidungsfindung geschützt sind und die Entscheidung treffen die Frieden im Miteinander bewirkt. Deshalb bietet sich Gott an, dass er ganz nah bei uns ist. Jesus drückt es noch intensiver aus, indem er so formuliert: *"Wer bei mir bleibt, i n dem bleibt mein Leben." (Vers 5)* Die logische Folge führt Jesus auch an: *Wer sich aber von mir trennt, kann nichts ausrichten."* (Vers 5) Das ist für mich nicht als Androhung zu verstehen. Schon gar nicht so: Na, ich hab mich wohl für Gott entschieden, aber ich probier´s doch allein.

Jeder von uns weiß, dass mancher Alleingang Mühe macht und manchmal Leidenszeiten verlängert. Wie wohltuend ist es, wenn uns in den Sinn kommt, dass Gott ja bei uns ist. Und dann kommt es zu Ergebnissen, die uns den nächsten Schritt aufzeigen. Das will uns Jesus vermitteln. Du musst nichts allein tun. Ich, Jesus Christus bin bei dir, ja in dir. Das macht dich stark und lässt dich nie allein oder gar einsam sein.

Es ist mir persönlich wichtig geworden, das Positive im Leben anzuschauen. So viel wird in dieser Welt negiert, verneint, abgetan, ohne Entscheidung gelebt. Wir brauchen den Schutz Gottes. Er hat ihn uns versprochen. Deshalb die Rede Jesu, dran zu bleiben. Wenn wir heute vom Wein trinken, dann ist das auch ein Zeichen dafür, dass wir durch den Opfertod Jesu mit ihm eng verbunden sind. Jesus will uns nicht die Sorge vermitteln, ob wir wieder von ihm abfallen, oder uns gar von ihm lösen. Jesus will uns den Vorteil des Dranbleibens aufzeigen. Das fördert das Leben. Das begeistert. Das ermutigt.

So dürfen wir uns heute wieder gegenseitig bekennen, indem wir vom Brot essen und vom Wein trinken, dass wir zu den guten Reben gehören, weil wir sein Wort angenommen haben. Ich wünsche dir und mir, dass uns diese sorgfältige Behandlung Gottes die immer währende Sicherheit gibt, dass wir von Gott geschützt sind und er uns sicher zum ewigen Leben führt. Diese Gewissheit wird sich übertragen. So können wir das Heute leben und mutig auf das Morgen zugehen.

Schweiz - Berner Oberland - Niederhorn, Steinbock

„ALLEIN“ DURCH DEN GLAUBEN ZUM EWIGEN LEBEN

Römer 3, 28 (Hfa): „Also steht fest: Nicht wegen meiner guten Taten werde ich von meiner Schuld freigesprochen, sondern erst, wenn ich mein Vertrauen allein auf Jesus Christus setze.“

Die für mich revolutionärste Entdeckung im 15./16. Jahrhundert war die Erkenntnis von Martin Luther - besonders unter der Christenheit – dass ein Mensch durch seinen Glauben, sein Vertrauen, mit Gott im unzertrennlichen Liebesverhältnis in alle Ewigkeit leben darf. Wie kam es dazu, dass diese alte Wahrheit in Vergessenheit geriet? Schon sehr bald, nachdem sich Christen zusammengeschlossen haben und Gemeinden gründeten, kam die Frage nach Macht mit ins Spiel.

Meinungen, Führungsanspruch, Politik kamen auch durch die Türen der christlichen Gemeinden. Wir können das in manchen Briefen des Neuen Testamentes nachlesen. Sehr bald wird der christliche Glaube als Sprungbrett für eigene Interessen und Macht missbraucht. Politik spielt eine wichtige Rolle. Christliche Gemeinden werden zur kirchlichen Institution und die Kirche erhebt im Laufe der Zeit den Anspruch, die Beziehung zu Gott für den Einzelnen selbst in die Hand zu nehmen. Gehorsam gegenüber der Kirche ist wichtiger, als dem eigenen Vertrauen zu Gott Beachtung zu schenken. Daraus entsteht schon im 2. / 3. Jahrhundert die Sorge, wie wohl Gott über den einzelnen Menschen denkt, wenn schon der Klerus, die Geistlichkeit in ihren religiösen Forderung oft unbarmherzig ist. Geahndet wird, was in der Gefahr steht, der Machtpolitik zu schaden. Dieses Verhalten der christlichen Kirche hat sich immer mehr verdichtet. Klöster entstehen, weil Menschen ein gottgefälliges Leben führen wollen. Es recht, richtig machen, dass Gott zum Einzelnen ja sagen kann.

Einer dieser Mönche ist Martin Luther. Er geht ins Kloster, weil er einen gnädigen Gott sucht. Die Bibel gibt es zu seiner Zeit nur in lateinischer Sprache übersetzt. Martin Luther studiert Theologie, promoviert und beginnt intensiv die Bibel zu studieren. Dann will er nach Rom. Er reist dort hin, in der Hoffnung, an der christlichen Zentralstelle, wo der Papst als Stellvertreter Christi auf dieser Erde regiert, Antwort auf seine Frage zu bekommen. Luther ist von der Stadt enttäuscht. Sie ist schmutzig, unmoralisch und wirkt abstoßend auf ihn. Sein Weg führt auch zu der heiligen Treppe. Diese Steintreppe, so die Legende, soll die Mutter von Kaiser Konstantin von Jerusalem nach Rom überführt haben lassen. Es war angeblich die Treppe, auf der Jesus zu Pilatus ging. Auf einigen Stufen sind sogenannte Blutstropfen Jesu eingelassen. Wer die Treppe auf den Knien hochrutscht und entsprechende Gebete verrichtet, bekommt einen Anzahl Ablass von seinen Sünden. Martin Luther soll – so einige Historiker – diese Tortur mitgemacht und nach einigen Stufen die Erkenntnis bekommen haben,

dass nur allein aus dem Glauben der Einzelne von Gott als gerecht angesehen wird. Er soll aufgestanden und die Treppe zu Fuß wieder runter gelaufen sein. Von da ab gibt es für ihn keinen Zweifel mehr, dass nur durch das Vertrauen zu Gott, zu Jesus und seiner Tat auf Golgatha, Ewiges Leben garantiert ist. Niemand kann sich auch nur durch eine einzige gute Tat den Himmel verdienen.
Der Mensch, Adam und Eva, hat die Trennung zwischen Gott und Mensch vollzogen und nur Gott selbst konnte diese Trennung wieder aufheben. Nichts anderes hat die gleiche Wirkung. Das war die Revolution. Dadurch hat sich die Welt wieder verändert.
Menschen, die diese Erkenntnis Luthers verstanden haben, konnten wieder durchatmen. Und wir wissen aus der Geschichte, wie die Kirchenobersten um ihren Einfluss bemüht waren und alles bekämpften, was die Macht schmälern könnte. Gott hat über Martin Luther seine Hand gehalten und dadurch wurde es möglich, dass die Bibel allen Deutschsprachigen zugänglich wurde.
Es hat lang gedauert, bis auch in unserem Land die Bibel in den Haushalten Einzug hielt. Nach dem 2. Vatikanischen Konzil wurde verstärkt den katholischen Christen empfohlen, die Bibel zu lesen und die Gottesdienste wurden von der bisherigen Gepflogenheit, sie in lateinischer Sprache zu zelebrieren, umgestellt und in der jeweiligen Landessprache abgehalten.

Gerecht

Wenn wir das Wort gerecht oder Gerechtigkeit hören, dann bewegt sich manches in unserem Denken und Fühlen. Die Vorstellung von gerecht hat immer mit unserer eigenen Erfahrung und Einstellung zu tun. Oft abhängig von der jeweiligen Kultur, von dem Menschenbild und Gottesbild, das der Einzelne im Laufe seines Lebens entwickelt hat. Wenn ich davon ausgehe, dass alle Menschen Geschöpfe Gottes sind und von Gott geliebt, werde ich anders mit meinen Mitmenschen umgehen, als wenn ich glauben würde, wer sich nicht nach den Prinzipien Gottes verhält,

wie ich das verstehe, dem brauch ich keine große Beachtung schenken. Höchsten ihn belehren und versuchen, ihn umzustimmen und auf mein Denken einzuschwören. Sehe ich in jedem ein geliebtes Geschöpf Gottes, für den sich Gott selbst geopfert hat, werde ich meinen Mitmenschen liebevoll und verständnisvoll begegnen.
Wenn die Bibel von einem gerechten Gott oder Gottes Gerechtigkeit spricht, dann meint sie damit, dass Gott den Menschen wieder dahin führen möchte, wie er von Anfang an gedacht war.
Ewiges Leben, in engster Beziehung zu Gott, dem Leben zugewandt, der Liebe Raum gebend. Im griechischen Grundtext heißt es in Römer 3, 28 *„dass der Mensch gerecht gesprochen wird durch den Glauben (durch das Vertrauen) ohne Werke des Gesetzes."*
Das meint übertragen, dass Gott den Menschen wieder so herstellt, wie er von der Schöpfung her gedacht ist. Beschenkt mit dem Ewigen Leben. Und wer sich beschenken lässt, der gehört von da ab zu der göttlichen Familie.
Hast du im Bewusstsein, dass du ein solches Familienmitglied Gottes bist? Dich in einem geschützten Raum befindest, wo du keine Angst oder Befürchtung haben musst, wieder herauszufallen?
Ich bin mir bewusst, dass dieses Denken für ernsthafte Christen schwer ist, in sich zu bewegen und zu verankern. Da kommen oft die Zweifel, die Verfehlungen, die Erfahrungen mit engsten Vertrauten, die plötzlich andere Wege, als die mit Gott, eingeschlagen haben. Dazu noch manche Predigten, die eine Botschaft zum Inhalt haben, dass wir es uns nicht so leicht machen können und aufpassen müssen, um nicht wieder von Gott wegzugehen. Ich habe ähnlich gedacht und war ständig in Sorge, wie Gott wohl einmal über mich entscheiden wird.

Gesetzes Werke

Als ich mir Römer 3, 28 genauer anschaute, waren die Zweifel, Ängste, Beklemmungen verschwunden. Paulus spricht die Werke des Gesetzes an. Übertragen meint das, dass ich durch das Beachten der Gebote mir den Platz bei Gott absichere. Etwas tun, um einen Lohn zu bekommen. Manchmal könnten wir schlussfolgern, dass Beispiele, die Jesus benützt dahin tendieren. Eines greife ich heraus: Die Arbeiter mit unterschiedlicher Arbeitszeit erhalten den gleichen Lohn. Etwas tun und dann bezahlt werden. Mit anderen Worten: Sich den Himmel, das ewige Leben verdienen.

Dieses Gleichnis Jesu hat seinen Fokus auf der Gleichheit und nicht auf dem Lohn. Gott bewertet anders, weil er gerecht ist. Gerade dieses Beispiel von Jesus erzählt, zeigt, dass wir durch viel Werke tun uns nichts verdienen können. Gott ist der, der beschenkt. Und er beschenkt jeden, der ihm vertraut. Im Alten Testament lesen wir, dass Menschen sich an das Gesetz Gottes halten mussten. Weshalb, weil sie im Lernprozess waren, mit Freiheit umzugehen.

Ich beobachte auch heute noch, dass sich manche Menschen schwer tun, Eigenverantwortung zu übernehmen. Sie sind immer noch fixiert auf die Meinung anderer. Dadurch geschehen viele Missverständnisse und Extreme, weil Menschen versuchen, ihre persönliche Überzeugung andern überzustülpen. Und mancher lässt es mit sich machen.

Gott hat mit seinen Geboten, seinen Gesetzen uns Menschen eine Orientierung gegeben, wie wir ein mitmenschliches und mitgöttliches Leben führen können, um im Frieden und in Freiheit zu leben. Und da steht zuerst das Lernen im Vordergrund. Habe ich gelernt, kann ich es - auch wenn mir Fehler unterlaufen - und brauch nicht mehr in der Abhängigkeit des Gesetzes stehen und leben. Die Orientierung des Gesetzes Gottes habe ich in meinem Herzen verankert. Und da kann ich auf mein Herz hören. Das Leben des Einzelnen ist nun gefragt und das hat so viel Facetten wie es Menschen auf dieser Erde gibt. Versucht jemand als Kopie eines anderen zu erscheinen, wird er früher oder später unglücklich sein, denn das Leben unterliegt der Veränderung und es wird problematisch, wenn eine Festlegung vollzogen wurde und dazu sich das Original verändert. Deshalb spricht das Neue Testament immer wieder von der Freiheit. Jesus sagt, nachzulesen in Johannes 8, 36: *„Wenn euch also der Sohn freimacht, werdet ihr wirklich frei sein.“* Martin Luther hat eine Schrift verfasst mit dem Titel: *„Von der Freiheit eines Christenmenschen.“*

„allein“ durch den Glauben

Wenn wir also nur durch das Vertrauen, den Glauben an Jesu Tat gerecht werden, dann können wir frei durchatmen. Martin Luther hat ja in Römer 3, 28 dieses Wort „allein“ eingefügt. Im Grundtext steht es nicht. Und doch hat es seine Berechtigung. Weshalb? Ich wiederhole: Das erste Menschenpaar hat sich von Gott getrennt, weil sie Gott misstrauten. Eigentlich hätten sie tot umfallen müssen und das Unternehmen Mensch wäre zu Ende gegangen.

Da Gott seine Geschöpfe liebt, hat er eine Möglichkeit geschaffen, dass die Verbindung und das Ewige Leben mit Gott wieder möglich wird. Gott selbst hat sich bereit erklärt, durch seinen Tod den ewigen Tod zu besiegen und zu beseitigen, um das Ewige Leben als Geschenk für den Menschen anzubieten.

Wer nun einsieht, dass jeder Mensch, der in diese Welt hineingeboren wird, dieses Geschenk benötigt und für sich in Anspruch nimmt, weil jeder für sich steht und keine Pauschalamnestie besteht, der hat das Ewige Leben. Diese Tatsache zeigt uns, dass wir als Menschen, die um den Tod Jesu wissen, nichts dazu tun können, um uns den Himmel zu verdienen. Unser Anteil an dem ganzen Geschehen ist das Ja zu dem Geschenk und dass wir aus diesem neuen und ewigen Leben das Beste machen. Gewinnen an Qualität und Befähigung, um dem Leben das Lebenswerte zu entlocken. Da haben wir genug zu tun.

Wer sich überwiegend damit beschäftigt, wie er sich das ewige Leben erhalten kann, verliert viel Zeit, um sich mit der Lebensqualität zu beschäftigen. Wer mit Gott versöhnt lebt, der wird auch leichter mit den Lernenden umgehen, weil er / sie weiß, selbst Lernender / Lernende zu sein. Ich wünsche mir, dass wir in unsere Gottesdienste kommen mit der Freude im Herzen, dass wir die Ewigkeit miteinander verbringen werden und am Sabbat mit Gott feiern. Es wird eine andere Lebenskultur in unserer Gemeinde sein, weil wir der Liebe Raum geben und weniger auf die Schwächen der anderen schauen.

Ärger, Frust, Unstimmigkeiten können unter der Woche geklärt werden. Da haben wir viel Raum und Zeit. Diese Befindlichkeiten haben im Gottesdienst keinen Platz. Wer es trotzdem versucht, hat nicht verstanden, was es heißt mit Gott im Einklang zu sein und mit ihm die Ewigkeit zu feiern.

Noch eine Anmerkung dazu. Mein Gegenüber merkt sehr genau, ob ich es ehrlich meine oder nur spiele, weil ich ja nicht ärgerlich, frustriert usw. sein darf. Deshalb kann ich mir in der Woche bewusst werden, wie ich beim Gottesdienst meinen Mitgeschwistern und den Menschen, die mit mir Gott feiern, begegne. Ich wünsche uns die Bewusstheit, von Gott angenommen zu sein und diese Freude mit der Gemeinde zu teilen und zu feiern.

MUT ZUR VERÄNDERUNG

Römer 12, 2: „Passt euch nicht dieser Welt an, sondern ändert euch, indem ihr euch von Gott völlig neu ausrichten lasst. Nur dann könnt ihr beurteilen, was Gottes Wille ist, was gut und vollkommen ist und was ihm gefällt."

Paulo Coelho erzählt eine Geschichte, die ich in Auszügen wiedergeben möchte: „Eines Tages fragte ich einen Bahnbeamten, wie groß der Abstand zwischen den Schienen ist. »Er beträgt genau 143,45 Zentimeter« antwortete er mir. Ich fand die Antwort äußerst merkwürdig und absurd. Logisch wären 150 Zentimeter gewesen oder irgendeine andere gerade Zahl. »Und warum?« fragte ich weiter. »Weil die Räder der Waggons genau diesen Abstand haben.« Ich beschloss nach der Antwort zu suchen, wie dieser Schienenabstand zu Stande kam. Ich fand eine der interessantesten – und symbolträchtigsten – Erklärungen. Beim Bau der ersten Eisenbahnwagen, wurden die gleichen Werkzeuge verwendet, wie für den Bau von Kutschen. Aber warum war dies der Abstand der Kutschenräder? Weil die alten Straßen für dieses Maß gebaut waren und der Kutschenverkehr nur so möglich war. Wer aber hatte beschlossen, dass Straßen nur dieses Maß haben durften?

Mit dieser Frage geraten wir in die ferne Vergangenheit: Festgelegt haben das die Römer, die ersten großen Straßenbauer. Warum? Die Kriegswagen wurden von zwei Pferden gezogen – und stellte man zwei der Rassetiere, die damals benutzt wurden, nebeneinander, dann nahmen sie 143,45 Zentimeter ein. Und so kommt es, dass der Abstand zwischen den Schienen, die heute von modernen Hochgeschwindigkeitszügen befahren werden, von den Römern bestimmt wurde.

Als Einwanderer aus Europa in den USA Eisenbahnen bauten, fragten sie nicht, ob es besser sei, die Spurweite zu verändern, sondern bauten nach den altbekannten Vorgaben weiter. Dies hat sogar die Konstruktion der Spaceshuttles beeinflusst. Eigentlich hätten deren Brennstofftanks nach Ansicht der amerikanischen Ingenieure breiter sein müssen, aber da die Tanks in Utah gebaut und von dort erst noch mit der Bahn zum Space Centre in Florida transportiert werden mussten, hätten sie nicht durch die Tunnel gepasst. Fazit: Sie mussten sich

dem beugen, was die Römer einst als ideales Maß festgelegt hatten. Ich fand zudem heraus, dass viele Länder nicht die gleiche Spurweite haben wie ihre Nachbarländer, was die Sache zusätzlich kompliziert, weil nämlich bei jedem Grenzübertritt die Waren von einem Zug auf den nächsten umgeladen werden müssen.
Und was hat das mit uns zu tun? Irgendwann im Laufe der Geschichte ist jemand gekommen und hat gesagt: Ihr müsst euch so oder so verhalten. Auch wenn das in ferner Vergangenheit war. Wir wissen, dass die Römer die Straßenbreite bestimmt haben und viele sich daran noch orientieren..
Viele Dinge in unserem Leben müssen verändert werden, aber uns fehlt der Mut dazu. Bis wir ihn aufbringen, müssen wir auf Fotos lächeln, ewige Liebe schwören, die Meinung vertreten, dass es nichts besseres gibt als ein Universitätsdiplom, dass die Mode mit den Jahreszeiten wechseln muss; und wir werden uns weiterhin darauf einrichten müssen, mit dem Zug des Lebens nur mühevoll an Orte gelangen zu können, an denen die Werte eine andere Spurweite haben.“ (Mut zur Veränderung von Paulo Coelho aus TV Hören und Sehen 26/09)

Mut zur Veränderung, so das Thema der heutigen Predigt. Was macht dein Leben so wertvoll? Du bist beschenkt mit Werten, die dich animieren, beleben wollen, immer wieder neu hinzuschauen und dich offen sein lassen für eine Veränderung, die dein Leben bereichert. Auf Entdeckungsreise sein, was das Jetzt anbietet und welche Qualität dahinter verborgen ist.

Anpassung

Paulus richtet ein klares Wort an die Gemeinde in Rom und schreibt ihnen: *„Passt euch nicht dieser Welt an…“* Was meint er damit? Anpassung, d. m. dass jemand keine eigene Entscheidung getroffen, und sich anderen Meinungen und/oder Verhaltensweisen angeschlossen hat. Dem andern mehr Recht eingeräumt zu haben als meiner Intention, meiner inneren Kräfte und Fähigkeiten, eigene lebensnahe Entscheidungen zu treffen.
Anpassung, Gleichschaltung, ist zunächst angenehmer, einfacher, bequemer, unauffälliger, als in einer Position zu sein, die das allgemein Übliche durchkreuzt. Paulus hat

den einzelnen Menschen, den einzelnen Christen, im Sinn, weil er das Beste für ihn wünscht.
Die Welt, in der die ersten Christen lebten war wohl religiös und gleichzeitig zu einer Lebenseinstellung gekommen, die das bewusste Leben ausgeblendet hat und hauptsächlich das zählt, was momentan Vorteile schafft und Ablenkung bietet. Brot und Spiele. Menschenunwürdiges Verhalten, Macht und Intrigen u. v. m. Anpassung behindert das klare Sehen.
Das genaue Hinschauen befähigt mich dazu, zu unterscheiden, wo mir diese Welt Angebote macht, die ich wohltuend aufnehmen kann und solche, die mich abhängig machen wollen. Das gleiche gilt für Gewohnheiten. Es war schon immer so. Weshalb soll ich etwas verändern?
Wir leben heute in einer Welt, wo es den Mut braucht, genau hinzuschauen, was sich um uns herum ereignet. Die Werbung, die Nachrichten, Berichte die in uns Unbehagen auslösen, religiöse Meinungen, angeblicher Wille Gottes, religiöse Abläufe in unserem geistlichen Leben, das und manch anderes lässt uns aufhorchen, prägt uns und vermittelt oft genial eine absolute Wahrheit. Anpassen, ungeprüft annehmen, sich einem Verhalten aussetzen, das am Ende Enttäuschung mit sich bringt?

Ändern – neu ausrichten

In seiner Ansprache an die römische Gemeinde führt Paulus auf das Wesentliche hin. An dieser Stelle möchte ich den Text *Römer 12, 2* nach der *wörtlichen Übersetzung* lesen: *„Und passt euer Wesen nicht dieser Welt an, sondern lasst euch umgestalten durch die Erneuerung des Sinnes, dazu, dass ihr beurteilen könnt, was der Wille Gottes ist, das Gute und Wohlgefällige und Vollkommene."*
Paulus benützt in diesem Text u. a. drei griechische Worte, die sich gegenseitig ergänzen. Das erste ist metamorphu, das übersetzt heißt: umgestalten, verwandeln, in eine andere Form bringen. Das zweite Wort anakainosis => umgestaltet durch Erneuerung (durch den Heiligen Geist). Und das dritte Wort noos => Wahrnehmung; Verstand; einer, der Weisheit hat; Gesinnung.
Als ich diesen Text neu gelesen habe, kam mir in Erinnerung, dass ich schon als Kind und Jugendlicher gelehrt wurde, dass ich mich von der Welt distanzieren soll. Noch dichter dran hieß das, habe keine Freunde außerhalb deiner Kirche. In vielen Seelsorgegesprächen während

meiner über 40-jährigen Dienstzeit, kam dieses Thema immer wieder zur Sprache und manche/mancher hat eine große Leidenszeit hinter sich bringen müssen, weil sie/er zu Menschen, die anders dachten, ihren Glauben anders auslebten, für sie/ihn der Kontakt aber viel bedeutet hätte, jeglichen Kontakt mied.

Sich nicht der Welt anpassen heißt bei Paulus, ein anderes Motiv zum Leben haben. Das ist eine andere Verhaltensweise als, die uns gelehrt wurde. Gott möchte, dass wir das Beste aus unserem Leben machen. Der Freude Raum geben. Mit andern das Leben teilen, austauschen, sich gegenseitig beschenken mit wertvollen Erkenntnissen. Kein Anpassen sondern die eigene Persönlichkeit in diese unsere Welt hineintragen. Die Kontakte die ich mit Menschen habe, die ein anderes christliches Verständnis haben wie ich, sind für mich aufbauend, ermutigend, und wir begegnen uns auf Augenhöhe. Können voneinander nehmen und können geben. Anpassen, keine eigene Meinung haben, NEIN! In Kontakt mit Menschen dieser Welt gehen und Meinungen austauschen und sie bewusst leben, JA! Paulus spricht davon, dass wir als Jesu Vertraute neu ausgerichtet werden. Das bedeutet, dass wir unser Leben bewusst anschauen, sehen, was sich da tut und wir immer wieder dazu neu Stellung beziehen. Jesus hat einmal gesagt *Matthäus 16, 26: „Was für einen Nutzen wird denn ein Mensch haben, wenn er die ganze Welt gewinnt, aber seine Psyche einbüßt?“* Mit anderen Worten, jeder ist gefragt, auf sich Acht zu haben, mit seiner Psyche, mit seinem Leben im Kontakt sein und die eigene Entscheidungen treffen. Dein und mein Umfeld kann uns letztlich nicht sagen, wie wir zu leben haben. Wer es versucht, dir und mir zu sagen, wie wir zu leben haben, betreibt Missbrauch. *Gott* will uns neu ausrichten. Er hat uns das Leben gegeben und weiß am Besten was für uns gut ist und wie wir mit unserem Leben gut und liebevoll umgehen können. Unsere Urteilsfähigkeit ist gefragt. Und die ist bei uns allen fest verankert. Es ist nur wichtig, sie zu aktivieren, indem wir den Mut aufbringen, Neues zu entscheiden. *„Mit dem Zug des Lebens ... an Orte gelangen zu können, an denen die Werte eine andere Spurweite haben.“ So Paulo Coelho.*

Beurteilen können durch Veränderung

Paulus geht in seinem Text darauf ein, dass wir durch engen Kontakt mit uns selbst erkennen, was der Wille Gottes für uns ist. Was gut und vollkommen für uns ist und wie wir mit ihm in Übereinstimmung sein können. Paulus drückt es mit dem Wort Wohlgefällig aus. Früher habe ich versucht, in der Bibel herauszufinden, was Gott von mir will. Häufig habe ich meinen Maßstab an dem angesetzt, was ich von andern gelehrt bekommen habe. Und meistens kam ich zu keinem zufriedenstellenden Ergebnis. Ja, wir können manches in der Bibel als Willen Gottes deklarieren und für immer festschreiben. Doch wenn wir genau hinschauen, dann ist mit dem Willen Gottes in der Bibel in den meisten Aussagen gemeint, dass Gott unsere Ewigkeit möchte und zu unserer Lebenszeit auf dieser Erde den freundschaftlichsten Kontakt zu ihm.

Das Wort vollkommen, das Paulus hier benützt, heißt *teleion* und hat zum Inhalt „zum Ende führen", „zielgerichtet", was noch in Bewegung ist und Veränderung zulässt und erforderlich macht.

In unserem Erdenleben werden wir nie fertig. Alles ist im Fluss. Das macht es manchmal schwer. Und doch ist es wichtig, anzuschauen, was sich verändern will. Mancher hält an dem fest, was er einmal gelernt hat. Das gibt Sicherheit. Doch werden wir mit dem Leben, mit unserem Umfeld konfrontiert. Um uns herum gibt es ständig Veränderungen. Auch im religiösen Leben. Die Bibel zeigt uns sehr deutlich, dass im geistlichen Leben und in der Beziehung zu Gott und unserem Mitmenschen ein ständiger Veränderungsprozess notwendig ist. Jesus sagt z. B.: Euren Vorvätern ist gesagt worden, ich aber sage euch... Und dann führt er aus, wie geistliches Leben zu seiner Zeit aussieht. Die Bergpredigt ist ein typisches Beispiel dafür.

Paulus sagt: verändert euch, damit euer Leben gewinnt. Auch wenn Paulus das in den Gegensatz zur weltlichen Einstellung setzt so hat es doch eine allgemeine Bedeutung für unser Leben schlechthin. Entscheidend ist die Aussage des Paulus, dass wir durch Veränderung urteilsfähig sind. Nicht andere Menschen beurteilen, sondern bei uns Klarheit finden, wie unser Leben gewinnen kann. Und das in Übereinstimmung mit Gott. Denn letztlich ist er es, der uns die Blickrichtung zeigt. Wir brauchen uns nur zu öffnen, um zu erkennen und dann unser Leben so zu führen, dass es uns und dadurch auch unser Umfeld bereichert. Wer immer in derselben Spur läuft, wird Mühe haben, den Wert des eigenen Lebens zu entdecken und damit umzugehen.

Ein von mir sehr geschätzter Autor Ulrich Schaffer schreibt folgendes: *„Sehen ist eine Frage des Mutes. Früher oder später wird die Welt anders sein als unser Bild von ihr. Diese andere Welt anzusehen, ist eine Frage des Mutes. Denn mit unserem falschen Bild im Kopf erschrecken wir und wollen uns verschließen vor dem, was wir sehen. Die Mutigen waren Visionäre, und die Visionäre mussten mutig sein, um die Härte der Wirklichkeit zu ertragen.“* *(aus: „Neu sehen lernen“)*

Ich wünsche dir und mir den Mut, das Leben genau anzuschauen, in uns und um uns herum. Wir können dann gewinnen, wenn wir der Veränderung Raum in uns geben und unsere Welt, in der wir leben, mit neuen Augen sehen. Dann ist es uns möglich, zu beurteilen, was der Wille Gottes für uns persönlich ist, was an Gutem, Wohlgefälligen und Vollkommenen, das bereit ist, sich immer wieder neu zeigen zu wollen, in uns Raum gewonnen hat, um dem Leben eine neue Spurweite zu schenken. Ich wünsche dir und mir diese Lebensbejahung.

Österreich - Großglockner

SCHWACH UND DOCH STARK

2. Korinther 12, 9: „...er (Jesus) hat zu mir gesagt: "Meine Gnade ist alles, was du brauchst! Denn gerade wenn du schwach bist, wirkt meine Kraft ganz besonders an dir." Darum will ich vor allem auf meine Schwachheit stolz sein. Dann nämlich erweist sich die Kraft Christi an mir."

Viele Geschichten, Märchen, Erzählungen handeln von Menschen, die schwach und unbeachtet sind, am Rand der Gesellschaft angesiedelt und doch in ihrem Herzen überzeugt, mehr zu können, als von ihnen und über sie gedacht wird.
Solche Geschichten faszinieren mich jedes mal, weil mir dadurch immer wieder bewusst gemacht wird, dass in uns als Menschen oft verborgene und nicht zu Tage geförderte Begabungen liegen. Schon als Kind habe ich gedacht, dass es mehr geben muss, als das, was ich erlebe und vermittelt bekomme.
Ich habe schon immer Menschen beobachtet, wie sie essen, trinken, sich bewegen, wie sie reden und wie sie mit sich und anderen Menschen umgehen. Im Laufe meines Lebens interessierte mich immer mehr mein eigenes Innenleben. Es ist so, dass ich mich unterschiedlich stark und schwach fühle.
Oft musste ich in der Vergangenheit den Starken spielen, durfte keine Schwäche zeigen und hatte danach das Gefühl der Überforderung. Und zeigte ich mich schwach, verstand ich manche Situation nicht, wie Menschen, die mir sonst zugewandt waren, ihren Umgang mit mir veränderten und Ablehnung spürte. Was war zu tun?
Irgendwann begab ich mich in fachliche Hände und begann mein Innerstes zu stabilisieren. Das ging dann auch ineinander über mit dem Wissen aus der Bibel, dass ich in den Augen Gottes wertvoll bin und zu meinem Leben Starksein und Schwachsein gehört.
Ich möchte mit euch anschauen, was es bedeutet schwach zu sein und doch stark. Die Gedanken dazu dürfen uns anregen, neue Positionen - jeder für sich selbst - zu finden und sie zu leben. Nur indem wir zu unserem eigenen Leben Stellung beziehen, können wir für uns gewinnen und kann Gott in uns Lebenswichtiges bewirken.

Wovon wir leben

Eine Frage, die für mich wichtig geworden ist entstand aus dem Gedanken, wovon ich eigentlich lebe. Wenn ich gesund bin, mir nichts weh tut, ich mich wohl fühle, kann es zur Selbstverständlichkeit werden, dass das eben so ist. Erst wenn ich mich unwohl fühle, krank bin, nicht mehr so kann wie ich es möchte und mir vorstelle, dass es anders sein sollte, komme ich zum Nachdenken.
Wovon leben wir? Um zu leben, essen wir, damit der Körper Energie bekommt, die nötig ist, um all das tun zu können, was Kraft braucht. Wir trinken, damit unsere Nieren gut arbeiten und Giftstoffe aus dem Körper transportieren. Wir schlafen, um die Nerven zu beruhigen und um alles runterzufahren, damit wir uns erholen können. Wir leben von Freunden, von Menschen, die uns zugewandt sind und uns in den Arm nehmen. Wir leben von der Liebe, die unseren seelischen Zustand stärkt und uns die Lebensfreude möglich macht. Wir leben als Christen mit Gott, der unser Vertrauen zu uns selbst, zu unseren Mitmenschen und zu ihm ermöglicht. Wir leben vom Sauerstoff, der in unserer Atmosphäre vorhanden ist, damit wir atmen, ja überhaupt überleben können.
Als mir das alles so bewusst vor Augen stand, fragte ich mich, ob etwas fehlt? Natürlich könnten wir jetzt noch viele Details aufzählen. Doch darum geht es mir nicht. Ich möchte zu unserem Ausgangstext gehen, wo Paulus in Briefform mit der Gemeinde in Korinth in Kontakt tritt. Die Korinther Gemeinde war eine besondere und Paulus versucht, mit ihrer Geschichte und ihrem Verhalten in Berührung zu kommen. Manches spielte sich in der Gemeinde ab, was seine Wurzeln in ihrer Vergangenheit hatte. Paulus hat das Anliegen, dass die Gemeindeglieder heraustreten aus ihrer Abhängigkeit von Kräften, die sie bestimmen und sich voll und ganz im Vertrauen auf Jesus Christus stützen. Und so redet er von sich selbst, wie er sein Leben als Christ führt und was für ihn erforderlich war, dies auch in sich ganz hinein zu lassen. Letztlich geht es ihm um das Vertrauen.

Halt den Hut still

Bei einer Andacht hörte ich eine Aussage, die einmal Martin Luther machte. *„Wir Menschen sind wie der Bettler, der seinen Hut aufhält, und rüttelt ihn ohne Unterlass und*

hält ihn nicht still, dass, wenn ihm einer wollt tausend Gulden dreingeben, sie nicht könnte hineinschütten und sagte: „Halt doch den Hut still!“ Dieses Bild hat mich tief beeindruckt. Und es wurde mir bewusst, wie ich in der Vergangenheit oft versuchte, aus eigener Kraft zu handeln. Und wenn ich das dann auch bei andern erlebe, besonders wenn es sich um religiöses Verhalten handelt, dann macht mich das betroffen und führt mich gleichzeitig zum nachspüren, wie ich mich verhalte und mein Leben führe. Wie oft habe ich gebetet, das Gott etwas tun soll und ging dann weg vom Gebet und versuchte aus eigener Kraft zu handeln. Auch ich habe zu sehr mit dem Hut gewackelt und Gott konnte nichts hineinlegen. Arm zu ihm gekommen und arm wieder weggegangen. Und die Frage war dann nicht weit weg davon, weshalb Gott nicht eingreift und etwas tut. Ich habe nicht gemerkt, dass ich zu sehr mit dem Bettlerhut gewackelt habe.
Den Hut still halten, das erfordert auch die Einstellung, dass ich schwach bin und von der Gnade Gottes lebe. Paulus geht sogar so weit, dass er sagt, er ist stolz auf seine Schwachheit. Erst dann wird die Kraft Jesu an ihn wirksam und auch sichtbar. Und wenn ich den Hut still halten kann, mich auf Gottes Gnade und beschenkt werden einlasse, dann wird mir voll eingeschenkt. Dann wird mein Innerstes gefüllt mit „tausend Gulden“ wie Luther sagt. Ein Bild, das mir auch zeigt, dass ich eigentlich ein Bettler bin. Einer, der mit Nichts zu Gott kommt, außer mit seinem „Hut“, damit Gott beschenken kann.
Mancher tut sich damit schwer, als Beschenkter zu gelten. Lieber schenken, tun, in Aktionismus verfallen und dies dann noch als Selbstlos für sich zu verstehen. Dieses Verhalten gar als Weg der Heiligung zu bezeichnen.
Darfst du Schwäche zeigen, schwach sein, wo dein Umfeld Stärke von dir erwartet? Darfst du Fehler machen, weil du ein Mensch bist, der immer Fehler machen wird so lange er lebt? Darfst du dich als Bettler sehen und dich beschenken lassen?
Wie halten wir den Hut still? Wie können wir das Gewackel beenden? Indem wir unser Vertrauen auf die Gnade Gottes setzen. Gnade, das ist Geschenk Gottes an dich und mich. Und wir können nur davon nehmen, wenn es uns gelingt einfach schwach und still, aufmerksam und bedürftig, mit offenem Herzen und offener Hand vor Gott erscheinen. Nichts tun müssen. Keine religiöse Leistung erbringen. Unser Innerstes wahrnehmen und dem Raum geben, wo

Gottes Gnade und somit das beschenkt werden Platz in uns einnimmt.
Halt doch den Hut still!!! Du darfst Bettler sein und Gott macht dich stark und dein Leben wird bereichert. Wie oft habe ich versucht, alles selbst zu klären und zu denken, ich schaffe das ohne Hilfe. Und es ist so gut wie nie auf diesem Weg gelungen. Wie oft habe ich für Gott geeifert, indem ich versuchte, meine Mitmenschen von dem zu überzeugen, was ich selbst glaubte, dass es recht ist vor Gott. Und es ging immer schief. Mein Bemühen hat nicht wirklich gegriffen.
Ich bemerke verstärkt, wie Christen versuchen, Menschen zu bekehren, sie auf ihre Gedanken einzuschwören. Es geht sogar soweit, dass es an manchen Stellen zu einem geistlichen Missbrauch führt. Und da ist für mich die Grenze weit überschritten. Vertrauen hat mit jedem persönlich zu tun. Vertrauen kann nicht so eingefordert werden, dass alle gleicher Meinung sind. Vertrauen ist in deiner und meiner persönlichen Erfahrung mit Gott begründet. Und das darf niemals missbraucht werden.
Ein guter Lehrer ist einer, der dem Schüler beibringt, wie er das zu Erlernende zu seinem Eigentum machen kann. Der Lehrer leitet an zum selbstständigen Denken und Entscheiden. Gott tut es genau so. Er möchte, dass jeder von uns in seiner Persönlichkeit stabil wird und lernt, mit seinem Leben umzugehen. Das will Gott auch in deinen und meinen „Hut“ werfen. Dazu gehört, dass wir den Hut still halten und nicht mit ihm rumwackeln und unsere eigene Vorstellung haben, wie Vertrauen funktioniert. Den Hut still halten heißt frei zu sein von Leistungsdruck, von religiöser Betriebsamkeit.

Still halten und vertrauen

Still halten und vertrauen. Wie leicht lässt sich das sagen und wie schwer ist es oft in der Praxis dies zu leben, umzusetzen. Durch unsere Geschichte als Siebenten-Tags-Adventisten sind wir geprägt vom Puritanismus, dem Calvinismus und dem Pietismus. Alle drei Einstellungen beinhalten den Gedanken, dass wir immer besser werden müssen um vor Gott zu bestehen. Der Einzelne hat dann seine eigene Lebensversion entwickelt. Entweder abgerückt von dieser Leistung oder noch dichter dran und sich und andere damit unter Druck gesetzt. Martin Luther - und auch ihn haben wir als Wurzel in unserem

Glaubensgebäude - geht von der Freiheit des christlichen Menschen aus. Frei für Gott und frei für die Abhängigkeit von ihm, von seinem Gnadengeschenk.
Wenn die Abhängigkeit von ungeprüften Meinungen gelebt wird, was ist zu tun? Vertrauen zu Gott, zu unserem Innersten und zu unseren Mitmenschen ist gefragt. Sich aufregen, unverständlich handeln und reden, verschlimmert nur den eigenen Seelenfrieden und den des andern. Den Hut aufhalten und sich mit Weisheit beschenken lassen. Liebevoll mit uns und den andern umgehen und somit eine Basis schaffen, Raum zu geben für ein Miteinander, soweit es an jedem Einzelnen liegt. Vertrauen und Liebe schafft inneren Frieden. Auch wenn ich das Bewusstsein habe, dass es nicht einfach ist, so zu leben und mir in Beziehungen manches nicht so gelingt wie ich es gerne hätte, so ist es doch für mich der Weg, um Frieden zu leben.
Jeder von uns hat seine Geschichte und Erfahrungen in seinem persönlichen Glaubensleben. Wir werden konfrontiert von Meinungen, Gefühlen und Überzeugungen die uns nicht immer gut tun und wenig Übereinstimmung mit unserem Inneren aufweisen. Es ist angesagt, die eigenen Schwächen und Stärken zu sehen und zu akzeptieren. Das führt auch zum Verständnis für unsere Mitmenschen und ich kann dadurch manches einfach stehen lassen. Jeder soll seine Überzeugung leben können. Das macht auch Gemeinde aus. Dabei ist jedoch zu beachten, den Freiraum des andern zu akzeptieren.
So kann innerhalb unterschiedlicher Meinung und unterschiedlichem Glaubensleben Einheit entstehen.
Ich wünsche uns, dass wir unseren Hut still halten können und Gott die Chance geben, ihn zu füllen. Es ist Bereicherung und wir können unsere Schwäche und Stärke akzeptieren weil sie unser Leben ausmachen. Nur wer sein Leben, so wie es ist, bejaht, kann auch Veränderungen zulassen und sie wohlwollend aufnehmen. Wir dürfen uns ermutigen, unser individuelles Leben zu führen. Den Augenblick wahrnehmen und aufrecht dem eigenen Leben und dem der andern begegnen. Ich wünsche uns, dass wir in unserer Schwäche und Stärke unsere Qualitäten entdecken und sie einsetzen zu unserem Wohl und zum Wohl unserer Mitmenschen. Wie auch immer es uns gelingt, wir dürfen dazu stehen und dann kann sich etwas bewegen.

So dürfen wir unseren Hut still halten und uns auch jetzt beschenken lassen, um gestärkt in unseren Alltag zu gehen.

56 Schweiz - Berner Oberland, Jungfrau, vom Weg nach Mürren fotografiert

UNVERDIENTE LIEBE UND GNADE

2. Petrus 3, 18: „Ich wünsche euch vielmehr, dass ihr in eurem Leben immer mehr die unverdiente Liebe unseres Herrn und Retters Jesus Christus erfahrt und ihn immer besser kennen lernt. Denn ihm allein gehört alle Ehre - jetzt und in Ewigkeit! Amen."

„Ein Mann kommt zu einem Philosophen und bittet ihn, ihm den Weg zu Gott zu zeigen. Der Philosoph fragt: „Hast du dich schon einmal verliebt?" „Mich verlieben?" So der Mann. „Was wollen sie mir damit sagen? Ich habe mir gelobt, mich nie einer Frau zu nähern, ich fliehe vor ihnen wie vor einer Krankheit. Ich schaue sie nicht einmal an. Geht eine vorbei, schließe ich die Augen."
Der Philosoph: „Versuche in deine Vergangenheit zurückzukehren und herauszufinden, ob es irgendwann in deinem Leben einen Augenblick der Leidenschaft gegeben hat, die deinen Körper und deinen Geist entflammt hat."
Der Mann: „Ich bin hierher gekommen, um zu lernen und nicht, um mich in eine Frau zu verlieben. Ich möchte zu Gott geführt werden, und ihr redet mir ein, ich sollte mich weltlichen Freuden hingeben?"
Der Philosoph schweigt ein paar Minuten lang und sagt dann: „Ich kann dir nicht helfen. Wenn du noch keine Erfahrung mit der Liebe hast, dann wirst du nie den Frieden eines Gebets erleben. Also kehre in deine Stadt zurück, verliebe dich und komme erst wieder zu mir, wenn deine Seele voller glücklicher Augenblicke ist. Nur jemand, der weiß, was Liebe ist, begreift die Bedeutung eines Gebets. Denn die Liebe zu jemandem ist ein an das Herz des Universums gerichtetes Gebet. Gott hat es als Geschenk in die Hände eines jeden Menschen gelegt." („Gott und die Menschenliebe" von Paulo Coelho aus tv Hören und Sehen)

Wie gehst du mit Geschenken um, besonders mit solchen die von dir als wertvoll angesehen werden? Kannst du sie dankbar annehmen ohne zu denken, wie deine Gegenleistung aussieht? Beschenkt zu werden ist für manchen schwerer, als andere zu beschenken. Oft hängt es damit zusammen, wie wir unsere Erziehung erlebt haben und wie wir als Kinder beschenkt wurden. Manchmal waren Geschenke an unsere Leistungen und unser Verhalten geknüpft.

Wenn wir brav, hilfsbereit, erfolgreich in der Schule und anständig waren, wurde diese Vorleistung auch belohnt. Oft ist dieser Eindruck in manchem von uns so geweckt worden. Und es war dann Belohnung und kein Geschenk.

Unverdiente Liebe

Als ich unseren Text erneut las, wurde mir klar, dass uns die Aussage an einem neuralgischen Punkt treffen kann. Gott beschenkt jeden mit Liebe. Sie ist an nichts gebunden. Keine Vorleistung muss gebracht werden. Unverdient! In meinen Seelsorgegesprächen kommt es immer wieder zum Ausdruck, wie schwer es Menschen fällt, sich auf die Liebe einzulassen. Und zwar auf die Liebe zu ihrem Innersten. Dort, wo sich alles versammelt durch unsere Eindrücke, Erziehung, Erlebnisse, Freuden und Enttäuschungen. Wo niemand anderes als nur wir selbst uns hineinbegeben können, um zu erfahren, was für uns gut und lebenswert ist. Wonach wir uns sehnen und zur inneren Ruhe kommen können.
Wie oft habe ich selbst versucht, durch Anstrengung, durch lieb sein und fixiert auf andere, das zu erhalten, wo ich Defizite spürte. Und es ist nie so gelungen, dass ich Zufriedenheit und innere Ruhe gefunden hätte. Es war wie ein Fass ohne Boden.
Petrus sagt: „Gott beschenkt uns mit Liebe, die wir uns nicht erarbeitet haben." Liebe kann nicht erarbeitet werden. Sie ist resistent gegen Leistung. Liebe ist und bleibt ein Geschenk von Gott für einen jeden von uns. Jesus selbst hat demonstriert, als er in unsere Welt kam, dass sich Liebe zeigt und verstanden wird, wo sich Menschen darauf einlassen. Und jeder, der in diese Welt hineingeboren wird hat die Liebe Gottes mitgebracht. In dein und mein „Herz unseres Universums". Das zu wissen, lässt anders auf den Mitmenschen zugehen, weil eine Ebene entdeckt werden kann, die das Miteinander erst möglich macht. Und wenn ich mit meiner Liebe, die Liebe des andern suche, dann sind wir auf einer Ebene, die es möglich macht, Verstehen füreinander zu entwickeln.
Ich finde es so großartig, dass uns Gott mit diesem Schatz beschenkt hat. Nur durch Liebe kann das Leben wirklich erfüllt gelingen. Petrus drückt den Wunsch aus, dass wir immer mehr diese Liebe erfahren. Und in der Tat ist es ein Prozess, mit der Liebe umzugehen. Wäre es so einfach, die Welt hätte weniger Kriege und Ungerechtigkeiten

erlebt. Macht wäre nicht der Grund zu dem großen Gewaltpotenzial geworden, womit in manchen Nationen noch heute agiert wird. Durch das unterschiedliche Verständnis, was Liebe bedeutet und wie damit umgegangen wird, haben wir alle ein differenziertes Verhältnis zur Liebe. Liebe, ein Gottesgeschenk. Diesen Blickwinkel dafür zu haben, lässt uns tiefer einsteigen in die Qualität der so lebenswichtigen Eigenschaft. Immer mehr erfahren.

Das geht auch nur, wenn ich damit umgehe. Wenn ich experimentiere, in dem Sinn: Was passiert denn, wenn ich mich selbst liebe. Besonders das Kind in mir, das sich so sehr nach Geborgenheit sehnt und möchte, dass ich als Erwachsener die Verantwortung für mein inneres Kind übernehme.

Wie oft habe ich selbst weggeschaut und bin in Aktionismus gegangen, anstatt mich um mein inneres Kind zu kümmern, und mich damit auseinanderzusetzen, wo die eigentlichen Defizite angesiedelt sind. Wo ich selbst mit der Liebe zu mir in Kontakt gehe, um dann auch Liebe nach außen zu bringen. Fähig zu werden, um wirklich zu lieben. Nicht gemacht, sondern gelebt, ausgestrahlt, Liebe fließen lassen. Ich habe mich manchmal gefragt, weshalb es so schwer ist und sein kann, mit Liebe umzugehen, wo es doch das Schönste im Leben darstellt.

Was ist passiert in unserer Welt, dass die Liebe entartet, verkannt, verdrängt, oft unbeachtet ist? Jeder sehnt sich nach Liebe und doch bleibt sie oft im Verborgenen. Wir sind jeden Tag eingeladen, die Liebe in unser Blickfeld zu rücken, um sie noch besser kennenzulernen. Dazu dürfen wir uns gegenseitig ermutigen und der Liebe in unserem Miteinander Raum geben. Viele Fragen klären sich so oft von selbst oder kommen erst gar nicht auf. Unverdiente Liebe ist die Liebe Gottes, die unser Herz erreicht. Jeder hat die Fähigkeit von Gott erhalten und in diese Welt mitgebracht, die Liebe Gottes erkennen zu können und damit umzugehen. Nur durch Fehlinformation und Fehlverhalten der Erzieher, die wir ja auch sind, wird es schwer, Zugang zur Liebe zu finden.

Unverdiente Gnade

Ich möchte nun auf die Gnade zu sprechen kommen. Auch hier sagt Petrus, dass sie ein unverdientes Geschenk Gottes an uns ist. Was ist Gnade? Gnade ist immer ein

Geschenk. Johannes 1, 16: *„Von seiner Fülle haben wir genommen Gnade um Gnade."* Und wenn wir dann weiter lesen, geht es Johannes darum, dass wir durch Jesus Christus beschenkt wurden, nämlich mit seiner vergebenden Liebe und Treue. Liebe und Gnade gehören zusammen. Denn als Menschen sind wir angewiesen auf Vergebung. Paulus hat uns in seinem Brief an die Römer das großartige Handeln Gottes an uns deutlich gemacht. Römer 5, 19 – 21: *„Durch Adams Ungehorsam wurden alle Menschen vor Gott schuldig; aber weil Jesus Christus gehorsam war, werden sie von Gott freigesprochen. 20 Das Gesetz aber kam später hinzu, um die Wirkung der Sünde zu vergrößern. Denn wo sich die ganze Macht der Sünde zeigte, da erwies sich auch Gottes Barmherzigkeit in ihrer ganzen Größe. 21 Wo bisher die Sünde über alle Menschen herrschte und ihnen den Tod brachte, dort herrscht jetzt Gottes Gnade. Gott spricht uns von unserer Schuld frei und schenkt uns ewiges Leben durch Jesus Christus, unseren Herrn."* Martin Luther nannte das *„sola gratia"* „allein aus Gnade". Wir sind von Gott gerechtfertigt, das meint, wir sind in Gottes Augen so, als hätten wir uns nie von ihm getrennt. Unsere Fehlverhalten trennen uns nicht von Gott sondern machen uns das Bedürfnis bewusst, mit ihm in eine gute Beziehung zu kommen, um weitergehen zu können, ohne Schuldgefühle, ohne Ängste vor einer Strafe, ohne innere Nöte, nicht gut genug zu sein. Wenn uns Fehler unterlaufen, so Paulus, dürfen wir die Gnade Gottes viel größer ansehen als unsere Schuld. Das macht doch die Liebe Gottes aus. Hier ist kein Despot, der Fehlverhalten ächtet oder sich rächt, weil ihm nicht genug Ehrerbietung entgegen gebracht wurde.

Noch immer wird Gott von Menschen als der Unnahbare angesehen, wenn jemand etwas Negatives unterlaufen ist. Nein, Gott ist ein barmherziger, gnädiger, liebender Gott. Und ich darf direkt, ohne Mittelsperson zu ihm kommen, um das anzusprechen, was mich wieder entlasten wird. Er steht unverrückt zu dem, was er in Bethlehem begonnen und bei seiner Himmelfahrt vollendet hat. Er ist der Anwalt unserer Schwächen. Jesus ist der Mittler zwischen unserem Misslingen und seiner vergebenden Liebe. Er trägt, wo uns die Lebenslast zu schwer geworden ist. Er liebt, wo Hass, Ungerechtigkeit, Unverständnis uns erreicht und wir in den Zustand der Machtlosigkeit gekommen sind. Er heilt, wo wir Schmerzen erleiden und uns nach Entlastung sehnen.

Jesus nimmt uns in den Arm, wo wir die Geborgenheit und Lebensfreude so nötig haben. Er befähigt uns, damit wir mit seinem größten Geschenk, der Liebe, umgehen können. Gnade Gottes ist mehr als ein mitleidiges Entgegenkommen. Gnade ist Lebensermutigung, Lebenselixier, Belebung unserer Lebensqualitäten.

Jesus immer besser kennen lernen

Durch das Geschenk der unverdienten Liebe und Gnade Gottes für uns Menschen, lernen wir Gott besser kennen. Wir sind als seine Geschöpfe darauf angewiesen, die Geschenke in uns zu erleben.
Wir haben Gott nicht gesehen, unser ganzes Denken und Wissen ist auf Vertrauen aufgebaut.
Wir wurden gelehrt. Es wurde uns über Gott erzählt. Wir haben sein Wort und können uns über Gott informieren. Männer und Frauen haben uns über ihre Meinungen und Erfahrungen wissen lassen, wie das mit Gott ist. Die unterschiedlichsten Kulturen, Wissenschaften, Zeitalter, Philosophien und Theologien haben das ihre getan. Viele 1000 Jahre haben uns geprägt. Und nun sind wir dabei, zu sortieren, stehen zu lassen, fest zu halten, hinzuschauen und wegzuschauen, leichtes zu übernehmen und schwer Vorkommendes zur Seite zu stellen.
Unsere eigenen Wünsche, die sich bei uns entwickelt haben, werden oft zum Maßstab unserer Entscheidungen. Die Fragen werden immer lauter, je mehr wir gelehrt werden, frei zu denken und selbst zu entscheiden, was stimmt, was unser Leben fördert, was uns behindert.
Je älter die Welt wird, umso schwieriger zeigt sich die Erkenntnis über Gottes Liebe und Gnade. Wir haben nur eine Chance, dass jeder bei sich selbst schaut, wie sie/er mit der Liebe zu sich selbst umgeht, sie zulässt und im Lernprozess damit bleibt.
Und da komme ich zu der Geschichte am Anfang: *„Nur jemand, der weiß, was Liebe ist, begreift die Bedeutung eines Gebets. Denn die Liebe zu jemandem ist ein an das Herz des Universums gerichtetes Gebet. Gott hat es als Geschenk in die Hände eines jeden Menschen gelegt.“*
In dir und mir ist das Geschenk der Liebe Gottes verankert. Und wer sich immer besser verstehen lernt, der erkennt auch immer besser die Liebe Gottes. Wir werden zu unserem Nächsten finden und die Liebe kann als Maßstab genutzt werden, um immer mehr Gotteserkenntnis zu

bekommen. Wir haben zuhause eine Karte, auf der ein Satz aus einem Brief Albert Einsteins an seine Frau zitiert wird: *„Ich liebe dich so wie ich bin.“* Ich habe einige Zeit gebraucht, um diesen Satz zu verstehen. Und es wurde mir mit der Zeit klar, dass hinter diesem Gedanken eine große Tiefe steckt. Ich kann nur so lieben, wie ich bin, wie ich mich selbst lieben kann, wie ich eingestellt bin auf meinen Nächsten. Nicht auf den andern fixiert um zu sehen, wie ich es ihm recht machen kann, sondern bei mir hinschauen, wie ich mein Liebespotenzial verströmen lasse, ohne selbst zu verlieren.

Als Jesus Mensch wurde, konnte er den Menschen liebevoll begegnen, ohne zu verlieren. Er, der die Liebe selbst ist. Du und ich, wir profitieren täglich davon. So wünsche ich uns, dass wir für heute und unsere Zukunft aus der unerschöpflichen unverdienten Liebe und Gnade schöpfen. Unser ganzes Sein darin aufgeht und unser Leben an immer größerer Qualität gewinnt. Gottes Nähe lässt es uns gelingen und unsere Liebe wird ein wesentlicher Beitrag zur Liebe in dieser Welt. Ich möchte aus dem Büchlein „ich liebe..“ von Ulrich Schaffer zitieren: *„Ich liebe, ich will lieben, weil ich weiß, dass das wahres Leben und der Weg ins Lebendigsein ist. Im Lieben entfalten wir uns. Im Lieben finden wir zu uns selbst. Im Lieben finden wir zueinander. Im Lieben erfüllen wir Gottes Traum für die Welt. Im Lieben lernen wir sehen. Im Lieben lernen wir hören. Im Lieben entsteht Hoffnung. Im Lieben hat die Welt Zukunft. Im Lieben ist nichts umsonst getan. Im Lieben begreifen wir Zusammenhänge. Im Lieben werden wir weise. Im Lieben entwickeln wir Fantasie. Im Lieben sind wir alle gleich. Im Lieben legen wir unsere Waffen ab. Erst im Lieben werden wir ganz wir selbst.“* Dein und mein Geschenk Gottes, die unverdiente Liebe und Gnade gibt uns die Kraft unseren Alltag und unsere Zukunft zu meistern. Ein Segen für die Gemeinde und unsere Welt.

Printed by Books on Demand GmbH, Norderstedt / Germany